Pe. JOSÉ MARQUES DIAS, C.Ss.R.

# PANDEMIA E FÉ

*Reflexões a partir da pandemia*

EDITORA
SANTUÁRIO

ISBN 978-65-5527-008-2

1ª impressão



Rua Pe. Claro Monteiro, 342 – 12570-000 – Aparecida-SP
Tel.: 12 3104-2000 – Televendas: 0800 - 16 00 04
www.editorasantuario.com.br
vendas@editorasantuario.com.br

# Apresentação

Os dias de "Quarentena" me motivaram a fazer ***algumas reflexões*** a partir do fenômeno da Pandemia e não sobre a Pandemia. Abordarei vários assuntos, e quero compartilhá-los com você.

Começo perguntando: Você sabia que já **estava sendo previsto**, por biólogos e ecologistas, que algo de **muito especial** iria acontecer em breve, em termos mundiais?

Depois confira no livro. Mas a realidade é que o **"coronavírus"** deu um susto em todo o mundo. É chamado de **"pandemia"** porque não é algo deste ou daquele país, mas algo que complicou a vida do mundo inteiro. Há muito tempo não se viam tantas mortes e o 'modo de morrer'. Todos estão sendo atingidos, idosos e jovens! Isso provocou um terrível estado de choque, de apavoramento, que alguns chamam de ***"Guerra mundial"***.

Ora isso só pode nos levar a **profundas reflexões**.

São 12 assuntos entre **reflexões e orações**.

Inicio o livro perguntando: **Por que essa Pandemia apareceu**? Quais as **causas**? Depois: Por que tanto **"pavor"**? Podemos ou não confiar em nossas autoridades? A **saúde pública** está ou não preparada? Quando será descoberta a **"vacina"**?

Tudo isso questiona **nossa vida, nossos valores, nossos erros**.

Precisamos também nos perguntar qual o **lado positivo** dessa Pandemia? *Para a ecologia, para a saúde pública, para a economia, para as diferenças salariais, para a preocupação com os mais desprotegidos, com a fraternidade etc. Ou não tem lado positivo?*

Ora a Pandemia questiona também **nossa fé e a vivência da nossa religião**. Começo lembrando a mensagem do papa Francisco, no famoso dia 27 de março de 2020, sob a chuva, dando-nos coragem, chamando à união e rezando **por todos**. Homem corajoso e verdadeiro! Deus não podia dar um jeito e resolver tudo pelo milagre? Até o milagre de muitos Pentecostais não funcionou? É que o problema está em outro lugar.

Entendo que os **temas centrais são os IV e V**. Eu pergunto: por que você está vivo hoje, quando, há 100 anos, você nem existia! Ou existia? Quem pediu para nascer? Veja lá a importância do "Ajuste Fino" ('Fine tuning').

E diante de **tanta morte, de tanto pecado e de tanto mal**, de que resolve acreditar em Jesus e segui-lo? Qual é a proposta de Jesus e de seu Reino? É só rezar e rezar? Só rezar resolve? No livro tem o aprofundamento da oração do ***Pai-Nosso***, da ***Salve, Rainha*** e do ***Magnificat*** e outras orações. Aproveitem-nas bem! Precisamos é entender que a responsabilidade por um mundo melhor não é mais de Jesus, mas de todos nós. Precisamos de coragem, fé e perseverança!

Mas, se eu não rezo, onde encontrarei forças para fazer o que é preciso fazer? É verdade que o ser humano **"nasce com defeito de fabricação e data de validade"**? O que isso quer dizer? Este mundo tem conserto ou estamos **no fim do mundo**?

**A uma grande conclusão** eu gostaria que todos os leitores cheguem: todos torcemos pelo **fim dessa Pandemia** e que seja **quanto antes**. Que a **vacina** chegue logo! Mas **nossa vida precisa mudar.**

No final, apresento quatro ensinamentos que esta Pandemia do coronavírus deixa para todos. Vejam se concordam?

Queremos um mundo mais **justo e fraterno,** no qual as pessoas tenham **mais trabalho, mais saúde, educação e moradia.** Um mundo onde haja menos desnível social e econômico e as pessoas não passem tantas necessidades!

E para isso acontecer, precisamos de ***mais união, mais colaboração e mais fé.*** Jesus venceu todo o mal e a própria morte, com sua Ressurreição. Vamos também ressuscitar para uma vida melhor?

Boa Leitura!

*Pe. José Marques Dias*
Redentorista

# I

# PANDEMIA, O QUE É?

Não gostaria de começar estas reflexões sem antes colocar o "testemunho chocante" dos padres xaverianos, em Parma na Itália, sobre a Pandemia:

**"Todos os dias, um de nós morre. Morre em silêncio na cama de seu quarto. Chegamos a 13 mortos em 15 dias. Venham higienizar, porque está claro que o vírus circula aqui. Mas precisamos de alguém que venha nos tratar, salvar-nos. Por favor, ajudem-nos!"**

Ó pedido angustiante e pavoroso!

a) **A Pandemia foi prevista pelo Dr. V. Turchin** e **Bill Gates**

Do *Departamento de Ecologia e Biologia Evolutiva* da *Universidade de Connecticut (USA)*. Isso não é uma "profecia", advertia **Turchin**, em 2016. "*Isto é uma previsão baseada na ciência", chamada* ***"cliodinâmica"***.

O cientista observou que sua pesquisa destacava um número de fatores a serem considerados fundamentais, até então, como a ***crescente desigualdade*** em *nível econômico nas sociedades*, a *fragmentação política e a desordem governamental.* Mas, acima de tudo, advertia, que parte desse caos viria do número de *jovens superqualificados* que a sociedade estava criando. E apontava também os *movimentos extremistas violentos*, a *criação de conflitos políticos violentos e desnecessários com países,* ***que ganharam um protagonismo que ninguém queria em nível político.***

Há cinco anos também **Bill Gates**, o fundador da **Microsoft**, realizou uma palestra na TED e fez uma previsão. Nela – e como resultado do que aconteceu *com o **ebola*** – **Gates** afirmou que o maior risco de catástrofe mundial não tinha nada a ver com a guerra e suas bombas, mas com um ***vírus infeccioso.*** Inclusive, o magnata afirmou que, provavelmente, o que mataria milhões de pessoas, nas próximas décadas, seriam os ***micróbios.***

b) **O que é a Pandemia do coronavírus**?

Convivendo com a ***pandemia de coronavírus*** – *a partir de agora, usarei somente o termo Pandemia* – vemos que ela está matando milhares de pessoas em todo o mundo. É uma ***epidemia viral***, que está atingindo ***a todos***, por isso foi declarada "***Pandemia***". Então, não se trata de uma "***gripezinha qualquer***"!

**Causas do Coronavírus:** em outubro de 2016, os porcos das granjas da província de Guangdong (Cantão), no sul da China, começaram a infectar com o vírus da **diarreia epidêmica suína (PEDV)**, um **coronavírus** que afeta as células que recobrem o intestino delgado dos porcos.

Eles apontaram que o aumento das grandes fazendas de gado alterou os nichos de vida dos **morcegos**. Além disso, o estudo mostrou que a pecuária industrial intensiva aumentou as chances de contato entre animais silvestres e de criadouros, desencadeando o risco de **transmissão de doenças** causadas por animais silvestres, cujos habitats estão sendo dramaticamente afetados pelo **desmatamento.**

Um jornalista se aventurou, há alguns dias, a oferecer uma resposta sobre a origem da **Covid-19**: **"O coronavírus é uma vingança da natureza"**. No fundo, ele não está sem razão. Mas talvez seja mais correto pensar que é uma **formação social catastrófica** que está em guerra conosco há muito tempo.

"Apesar do fato de que a Quarentena nos isolou, estamos vivendo juntos. Nisso, também, o **vírus é paradoxal**: coloca-nos em um plano de **relativa igualdade**. De alguma maneira, resgata do nosso esquecimento o **conceito de humanidade** e a **noção de**

**bem comum**. Talvez os fios éticos mais valiosos com os quais começarmos a tecer outro **modo de vida e outra sensibilidade"**, são afirmações do professor de Estudos Culturais, o sociólogo **Ángel Luis Lara**, espanhol (Unisinos – 7/4/2020).

A pandemia de 2020 só se torna inteligível se a unirmos aos acontecimentos ligados à ***catástrofe climática mundial.*** O fenômeno chamado de "***El niño índico***" é um fator decisivo para entender os gigantescos ***incêndios florestais da Austrália***. Mais. O aumento das ***chuvas e a aparição de tornados*** nas regiões desérticas do Chifre da África; e, ao mesmo tempo, a **infestação de "*gafanhotos do deserto*"** na **África *Oriental,*** que mantém sete países da região em estado de ***atenção e de fome.***

Esta Pandemia leva ***médicos e cientistas do mundo*** inteiro a estudar! Estudar! Para arrumar uma vacina. Há quem diga que ele ***não é vírus***, mas uma "***proteína com uma película de gordura***". Seja como for, está ceifando muitas vidas e deixando no mundo um sentimento grande de ***impotência!*** Um paciente curado dela afirma que é "***um terror***"!

E a repercussão imensa que ela carrega não é apenas uma *emergência sanitária*, mas também, **social** e **política**. Por isso é chamada "*Uma guerra mundial*". E não é à toa. Pois a situação que a pandemia provocou em todo o mundo gerou um *imenso pavor, uma angústia, que* só terão *solução com a ajuda da solidariedade universal. Nem vamos falar de números.*

A ***pandemia de coronavírus*** provocou uma ***convulsão e insegurança universais***. Tudo precisou ser mudado e a "Quarentena" parecia ser a única solução para retardar o avanço do coronavírus. E a economia? Será que a poluição da atmosfera, a própria poligenação não ajudam para que a dispersão do vírus seja mais rápida? Cuidados higiênicos, sobretudo das mãos, afastamento das pessoas e ambientes, mais hospitais; será que vai resolver? Haverá remédios, aparelhos respiratórios, médicos, enfermeiros?

***Perguntas e dúvidas! Pavor e medo***!

E as imensas ***filas de caixões*** sem despedida, sem adeus.

c) ***Eis o apelo de alguns teólogos italianos***:

*"No debate democrático, que não deveria faltar, mesmo nestes momentos de emergência, gostaríamos de chamar a atenção para o desaparecimento do **caráter humanizante do morrer** sem o qual se deixa a pessoa que está morrendo na solidão afetiva. Quem morre sozinho não têm a possibilidade de fazer ouvir a própria voz, as suas últimas vontades."* (Carta aberta). Morrer dignamente!

Na imensa insegurança geral é preciso que o mundo da medicina e da saúde busque soluções rápidas e que nos ajudemos. Só a união nos ajudará a vencer esse inimigo comum, que é a ***pandemia de coronavírus***.

Sabemos também que assim que a pandemia acabar, enfrentaremos uma ***crise econômica e social,*** ainda sem prognóstico. Por isso precisamos de ***muita união, fé e doação.***

d) **Efeitos benéficos?**

Nosso olhar tem que ser abrangente. Olhar dos dois lados. O ser humano é chamado a superar-se a cada obstáculo; a ser sujeito de seu crescimento e a construir algo propício ao próprio desenvolvimento.

Certamente há, também, o lado positivo. Esse é o paradoxo da crise atual.

* ***O nível de poluição*** será reduzido, graças a medidas drásticas que não foram escolhidas. Podemos ver a qualidade do ar que está melhorando, na **China** ou nos últimos dias na **Itália**, os golfinhos que voltaram a nadar nos portos da **Sardenha**... Os dados são impressionantes.

* A *pandemia* terá o maior impacto sobre o ***aquecimento global.*** Na **China**, ela teve efeitos benéficos em termos de saúde pública! As mortes associadas à poluição do ar são estimadas em um ou dois milhões de pessoas a cada ano; ora a poluição diminuiu de 20% a 30% durante a crise. Para um número estimado de 3.500 mortes de *coronavírus,* quantas vidas foram salvas pela melhor qualidade do ar? Mas tudo depende do quanto *formos disciplinados.*

* O **vírus põe em xeque** ***a globalização***. Levar-nos-á, também, a uma grande reflexão sobre o nosso atual estilo de ***vida pessoal e social***, enfatizou o cardeal de Viena. Ele está convencido de que a *crise do coronavírus* fará com que as pessoas do mundo ocidental pensem muito sobre o ***estilo de vida atual.***

Aproveitemos o tempo da "quarentena" para repensar o *sentido* ***de nossas vidas***, de ***nossos vínculos***, da ***gratidão*** *pelo que existe*, das **formas de vida** que podemos reconstruir a partir desse "*zeramento*" forçado. *Que sejam novas formas de socialidade, de trabalho, de consumo, de contribuição, de habitar e viver em cidades* capazes de hospedar mais vida. Teremos que nos tornar mais regionais, sem adotar uma política dos muros, já que a ***solidariedade*** internacional é crucial.

***Bastante negativo*** o Prof. RIFKIN afirma: "***A globalização está morta e enterrada. A distância social será a regra. Nada será como antes, e nunca mais voltaremos à normalidade***"!

(Unisinos – 30/3/2020).

# II

# MENSAGEM do papa FRANCISCO

## (Por que a Fé é importante nesta hora? )

O **papa Francisco**, corajoso e forte, impressionou o mundo andando sozinho, sob a chuva, e deixou uma mensagem, neste tempo de Pandemia, para o mundo e para toda a Igreja. Antes de dar a bênção **"Urbi et Orbe"**, a partir da passagem de Jesus e os Discípulos na tempestade (Lc 8,22-26), deixa uma mensagem para manter viva a esperança.

### a) Discípulos na tempestade (Lc 8,22-26)

O papa Francisco nos ensina a redescobrir o divino que está dentro de nós. O coração do Papa falou ao coração de Deus, e o coração de Deus falou ao coração do Papa, e a todos nós.

"***Encontramo-nos assustados e perdidos***. Como aos discípulos do Evangelho surpreendeu-nos uma tempestade inesperada e furiosa."

"***Nesta barca, estamos todos juntos***; não podemos seguir cada um por sua conta, mas somente juntos." Jesus dormia, porque confiava no Pai. Acordado, Jesus pergunta: "Por que tendes medo? Ainda não tendes fé?"

"***A tempestade, hoje***, é *o* ***coronavírus***, que desmascara nossa vulnerabilidade e deixa a descoberto nossas falsas e supérfluas seguranças. ***Problemas***: Ainda **não despertamos diante das guerras e injustiças**! Em nosso mundo, que ***tu amas mais que nós***, avançamos rapidamente e sentimo-nos fortes e capazes de tudo. Em nossa **avidez de lucro**, deixamo-nos absorver pelas coisas e transtornar pela pressa! Não nos detivemos perante teus apelos, não despertamos face às guerras e injustiças planetárias e ***não ouvimos*** o grito dos pobres e do nosso planeta gravemente enfermo", lamentou o Papa.

"***Avançamos***, destemidos, pensando que continuaríamos sempre saudáveis, em um mundo doente", acrescentou. Frente a isso, o chamado de Jesus, "um chamado **à fé**", que não é tanto crer nele, "*mas, sim, ir rumo a ti e confiar em ti*". Porque, hoje, "não é o momento de teu juízo, mas sim de nosso juízo; o tempo para escolhermos entre o que conta verdadeiramente e o que passa; para separar o que é necessário do que não o é".

## b) Vidas exemplares

E o papa Francisco continua. É bom contemplarmos as "***valentes e generosas entregas***" daqueles que trabalham para *curar, consolar, sustentar os doentes, para encontrar a cura do vírus*, "*companheiros de viagem*, que são exemplares, pois, diante do medo, reagiram dando a própria vida". Eles estão escrevendo, hoje, os acontecimentos decisivos de nossa história:

"*Médicos, enfermeiros e enfermeiras, encarregados de repor os produtos nos supermercados, faxineiras, cuidadores, motoristas, forças de segurança, voluntários, padres, religiosos e tantos outros que compreenderam que ninguém se salva sozinho*". "Que todos sejam um."

## "Há Esperança?!"

"Quanta gente, cada dia, demonstra *paciência e infunde esperança*! Cuidando para não *semear pânico*, mas *corresponsabilidade*. Eles nos ensinam como enfrentar e transitar nessa crise readaptando rotinas, levantando o olhar e impulsionando a oração. Quantas pessoas rezam, oferecem e intercedem pelo bem de todos. *A oração e o serviço silencioso* são nossas armas vencedoras. '***Sozinhos nós afundamos!***' Que alegria quando vemos as pessoas saírem curadas!"

**Conclusão do papa** FRANCISCO:

Agora é a hora de ver que "***O começo da fé é saber que precisamos de salvação.*** Nós não somos autossuficientes e sozinhos afundamo-nos. Precisamos do Senhor, como os marinheiros antigos, das estrelas".

"Convidemos Jesus para o barco da nossa vida. Vamos entregar-lhe nossos medos, para que com ele possamos vencê-los. Como os **discípulos**, experimentaremos que, com Ele a bordo, não se naufraga. Ele pode transformar o mal em algo de bom. Ele traz serenidade em nossas tempestades, porque *com Deus a vida nunca morre.*" "*Temos uma âncora: na* ***cruz*** dele fomos salvos. Temos um leme: na cruz dele fomos resgatados. Temos ***esperança:*** *em sua cruz, fomos curados e abraçados, para que ninguém ou nada nos separe de seu amor redentor.*"

"No meio do **isolamento** em que estamos sofrendo a falta de afetos e encontros, experimentando a falta de tantas coisas, vamos ouvir, mais uma vez, o anúncio que nos salva: ***ele ressuscitou e vive ao nosso lado***", ensinou o **papa Francisco.** Também pediu e sublinhou que precisamos construir "novas formas de ***hospitalidade, fraternidade e solidariedade***".

E assim, "***abraçar o Senhor para abraçar a esperança***".

Essa é "a ***força da fé que liberta do medo e dá esperança***".

"***Desde este lugar***, onde ***Pedro deu o testemunho de uma fé pétrea***, nesta tarde, gostaria de confiar todos ao Senhor, por meio da intercessão da Virgem, 'Saúde de seu Povo' e 'Estrela do Mar' tempestuoso. Desça sobre vós, como um **abraço consolador**, a bênção de Deus. O Senhor abençoe o mundo, dê saúde aos corpos e console os corações. Porém, nossa fé é fraca e temos medo. Mas tu, 'Senhor, não nos abandona à mercê da tempestade!'" E o papa Francisco finalizou, pedindo a bênção a Maria, **Salus Populi Romani** e ao **Cristo da Grande Peste**. Já dentro da basílica, deu a **bênção "Urbi et Orbi"** (Ao Mundo e à Cidade) **e a indulgência plenária.**

(Leia mais a reportagem de **Jesus Bastante**, publicada por **Religión Digital**, 27/3/2020.)

**Resumo do autor:**

O Papa nos assegurou que Deus ***não nos deixará sozinhos***, neste momento de **tempestade**. Em sua mensagem, duas passagens me impressionaram:

* A primeira nos lembra de que somos "***fortes em um mundo doente!***" Realmente, antes desse vírus, *não nos dávamos conta das feridas da humanidade e da Terra*. Não escutamos o grito dos pobres, continuamos fazendo guerras e cultivando injustiças.

* A segunda é que: "***As pessoas começam a passar fome!***" Ele nos levou para o outro lado dessa tragédia; o lugar dos últimos. Há pessoas que terão grandes dificuldades econômicas e não terão o que comer. O pontífice colocou a nudez do ser humano diante do Senhor, a do pobre que precisa de ajuda e a do rico que não tem mais certezas.

As pessoas ***precisam do Papa*** e de ***espiritualidade***. Implorou a Deus, com as mãos levantadas, para que ajude o ser humano a vencer e a superar a Pandemia.

Tenho certeza de que vamos reerguer-nos, mas, para isso, precisaremos dos anticorpos espirituais contra o vírus. São eles: ***Esperança, Respeito e Coragem***.

*****

# ORAÇÃO DO PAPA FRANCISCO

## No tempo de Pandemia

Ó Maria, tu iluminas sempre nosso caminho,
como sinal de salvação e de esperança.
Nós nos confiamos a ti, saúde dos enfermos,
que ao pé da cruz
estiveste associada à dor de jesus,
conservando firme tua fé.
Tu, socorro para todos os povos,
sabes do que necessitamos,
e temos certeza de que providenciarás,
para que, como em Caná da Galileia,
possam voltar a alegria e a festa,
depois deste tempo de provação.
Ajuda-nos, mãe do divino amor,
a nos conformar com a vontade do Pai
e a fazer o que nos dirá Jesus,
ele que tomou sobre si nossos sofrimentos
e carregou nossas dores
para conduzir-nos, através da cruz,
à alegria da ressurreição.

Debaixo de tua proteção, buscamos refúgio,
ó Santa Mãe de Deus,
não desprezes nossas súplicas,
pois estamos na provação,
e livra-nos de todo pecado,
ó Virgem gloriosa e bendita! Amém!

# III

# PANDEMIA E ASSUNTOS DA FÉ

a) Ciência – Fé
b) Saúde – Pandemia
c) Tipos de Oração
d) A liberdade e o MAL

Não estamos diante de um enigma, ou quebra-cabeça, mas sim de um mistério e **mistério de fé**. *Um **mistério de fé***, que ***nos faz acreditar e confiar em um Deus,*** *Pai-Mãe criador*. Deus que não castiga; que é bom e misericordioso; que está sempre conosco e é o Emanuel.

Acreditamos e confiamos em Jesus de Nazaré, que vem para nos dar vida em abundância e se compadece dos que sofrem. Acreditamos e confiamos em um Espírito vivificante, Senhor e doador de vida. E essa fé não é uma conquista, é um ***dom do Espírito do Senhor***, que nos chega por meio da Palavra na Comunidade Eclesial.

Nós somos sempre ***livres para ir a Deus*** ou **recusá-lo, culpá-lo** e **cobrá-lo** por causa das coisas terríveis que acontecem conosco. Deus não nos obriga a interpretar os fatos nem no sentido da bondade das coisas que acontecem, nem no sentido de sua maldade.

Mas a **situação da pandemia geral** provocou em todo o mundo um *imenso pavor, uma imensa angústia e a busca pela solidariedade universal. Na imensa insegurança geral é preciso que todos busquem* *soluções rápidas e nos ajudemos. Só a união* nos ajudará a vencer esse inimigo comum, que provocou uma *Guerra Universal.*

## a) Ciência e fé

Ciência e fé têm suas leis e caminhos: **cabe à ciência** explicar ***o que está acontecendo*** e indicar *como sair* da Pandemia. Não há dúvidas a respeito disso. A ciência precisa urgentemente achar uma solução para essa doença. O problema é da ciência, da saúde. É função dela. E é exemplar a luta de tantos cientistas, médicos, enfermeiros etc.!

**A religião não pode omitir-se**, mas não está na religião a questão principal. Então, qual é o lugar da **religião,** neste momento? A função da religião é ser *apoio e força à vivência* religiosa, não só em tempo da Pandemia, mas em todos os dias.

– **Deus não nos abandona**? Não. Ele está conosco, todos os dias; não há dúvida. Deus é sim uma presença misteriosa que não sentimos. Mas Deus *se manifesta exatamente onde pensamos que Ele não está.* "***Ora Deus está onde há alguém que sofre***!" Deus sofre e sofre conosco. Está presente e age conosco. Deus nos ama. "Deus não nos abandonou", esta é a nossa fé.

Mas é compreensível ***certa revolta*** por tudo aquilo que atinge a todos, sem que o tenhamos ***desejado ou entendido***. É aqui que experimentamos nossa **pequenez e fraqueza**. Nessa hora, há *quem perca a fé e há quem a encontra*! Aqui se entra em um terreno insondável. Há a solidão do ser humano e a solidão de Deus! Santo Agostinho nos ensina: *"Por mais que me sinta sozinho, eu não estou só, porque, no centro de meu próprio ser, existe um Outro"*.

– ***A quem podemos recorrer neste momento?*** É bom lembrar que a fé dos simples deve ser sempre respeitada. Sua fé tem um poder incrível! Mas lembremos que aqui há também muitas superstições, que querem preencher emotivamente os vazios, que a fé refletida não consegue preencher. É certo que não basta rezar aos santos, achando que eles podem resolver todos os nossos problemas. ***Rezar sempre faz bem e nos ajuda muito!***

– ***A fé dos simples e a fé refletida convivem na Igreja.*** Nós nos perguntamos o que isso significa. Com ***Jesus***, aprendemos que a culpa é mais pessoal do que comunitária. Mas o senso do povo não se perde com essas coisas e ele continua rezando e confiando na intercessão dos santos. Hoje, porém, necessitamos dar um passo a mais para uma FÉ mais adulta e esclarecida. Aliás, é claro, a verdadeira fé não precisa só dessas coisas. *Precisamos, sim*, é que Deus nos ajude a fazer a nossa parte e ilumine os cientistas e grupos da saúde a *encontrarem uma solução rápida. Mas nós precisamos caminhar com Deus sempre, durante a* Pandemia e depois dela.

**b) Saúde e Pandemia**

– ***A vida corre perigo, e nós somos os responsáveis***. Não podemos fechar os olhos nem ser omissos. ***A Saúde é um dom recebido da natureza***, mas que depende muito de nossa colaboração e responsabilidade. Não podemos descuidar. *Ir ao médico... tomar os medicamentos prescritos e necessários... dormir bem... alimentar-se bem... não abusar... agora, mais do que nunca, lavar as mãos com* água e *sabão...* Tudo isso não é difícil de realizar. Mas, no entanto, descuidamo-nos, sendo, muitas vezes, irresponsáveis.

**– Pandemia e doenças psíquicas**

Outro ponto importante: diante da psicose criada pela pandemia, devemos olhar com carinho para nossas doenças psíquicas, tais como depressão, ansiedade etc. Elas também precisam de cuidados e tratamentos. Além da importância de se dormir bem, há outras orientações simples, mas básicas, que todos devem seguir:

1. Não deixe que o ***medo ou a angústia tomem conta*** de sua mente, gerando pavor, insegurança e até depressão.
2. ***Evite notícias negativas***, pois criam mais ansiedade e insegurança.

3. ***Ocupe o tempo,*** com atividades tais como: jardinagem, leitura, trabalhos manuais etc.

4. Tenha a certeza de que a ***pandemia vai passar, se Deus quiser, e não vai demorar***!

Aproveite bem essas sugestões, pois "***Quem ama cuida***".

"***Se eu não gostar de mim, quem vai gostar***?"

Dando mais um passo à frente, pensamos: nós estamos ***destruindo a vida e massacramos a natureza*** *por causa de nosso delírio de onipotência!* E a natureza se vinga; e, assim, Deus não tem que fazer nada! ***O Problema é nosso, e que nem sempre queremos assumir***!

**Perguntamos:** ***Deus poderia intervir no curso da pandemia?***

**Não e Sim.** Uma pessoa que tem uma fé mais ***esclarecida*** sabe, pela fé, que normalmente, o Deus cristão não intervém na lei natural da vida, nem causa nada no mundo das realidades e das coisas. Elas têm seu caminho a seguir. Ora *Deus não é um tapa-buracos* ou um ídolo, que vem para resolver os *problemas criados* ***por nós mesmos.***

– ***Nós acreditamos em milagres e são verdadeiros; mas eles não acontecem todo dia.*** **O problema é outro. O problema da Criação** não está no efeito físico, mas no defeito ***ecológico, social e moral.*** A relação entre Deus e o mundo é a relação entre duas **liberdades.**

O amor de Deus deixa que as coisas sigam ***suas leis naturais***; não as determina ou controla, cada dia. A liberdade de Deus deixa que o mundo continue em sua contingência. Por isso, diante dos problemas da Criação, nós nos voltamos a Ele e devemos nos questionar onde está nosso erro e não onde está Deus, porque Ele está sempre conosco. "*Eu estarei convosco todos os dias...*"

– ***Nossa Fé é grande e esclarecedora.*** Fomos criados à imagem e semelhança de Deus. Recebemos o dom da vida e temos mil dons para tocar nossa vida neste mundo. Deus nos criou livres. Ele nos confiou a criação. Até os cuidados sobre a saúde, que nos são pedidos, são importantes. É dever nosso! O que estamos fazendo da vida e como cuidamos deste mundo? É isso que a fé nos questiona. Podemos cuidar ou destruir a vida e o mundo. Que estamos fazendo? Por que a vida está perigosa? Mas e a nossa responsabilidade nessa situação?

– ***A vida corre perigo, e nós somos os responsáveis.*** Não podemos fechar os olhos nem ser omissos. Nós estamos destruindo a vida e massacrando a natureza *por causa de nosso delírio de onipotência*. E a natureza se vinga. E Deus não tem que fazer nada! ***O Problema é nosso! Nós é que, muitas vezes, não queremos assumir***!

### c) Tipos de Oração?

Para os cristãos a ***oração*** é ***diálogo*** e conversa com o Pai, para agradecer tudo e buscar novas forças. *A Oração não é para mudar o coração de Deus, mas o nosso.* Sabemos que a oração não modifica nossos males e problemas da vida; mas ela modifica nossa *maneira de encará-los*. Podemos confiar totalmente em Deus e abandonar-nos em suas mãos, mesmo nas asperezas e dificuldades. Sabemos que não estamos sozinhos e que Deus não *nos abandona e sempre estará conosco.*

***Pela oração*** vamos fortalecendo nosso íntimo com *a força da fé e da esperança*. É claro que nós também fazemos a ***oração de súplica***: pedimos que Deus nos salve e nos mantenha vivos, permanecendo fiel à sua promessa. Mas a oração não pode só ser isso. A oração é para nos ajudar a entender o mistério da transcendência divina e seu amor, e também para nos ajudar a *redescobrirmos nossa missão, com liberdade e responsabilidade.*

O que incomoda são aqueles que ***se aproveitam da fé dos simples*** de um modo inadequado. Não posso fazer de Deus um "*Deus quebra-galho*" ou "*um ídolo*". Eu que devo obedecer a Deus; e não é Deus que tem que fazer o que eu mando. Diariamente, vemos isso na Televisão: "*Eu ordeno, eu mando; sai doença, sai capeta!* Eu mando e Deus tem que fazer o que mando. Parece uma mentira piedosa, mas não é. É pura trapaça, é engano, mas também pecado. (É a chamada "teologia da Prosperidade", de tantos pentecostais e alguns padres.)

**Oração de súplica.** Jesus recomendou-a: "*Pedi e recebereis*" (Lc 11,9), e prometeu atender; mas ele mesmo não foi atendido na oração para que o Pai afastasse dele o cálice da morte, porque o plano do Pai era outro. O Evangelho nos garante que o Pai deu a Jesus seu Espírito e, com ele, uma atitude de profunda **confiança** no Pai, até à morte.

E, mesmo ***entre nós, prevalece a oração de súplica***. Nela se manifestam *nossas limitações!* E não podemos criticar. Quantas vezes eu digo: "Senhor, ajude-me nesta hora; necessito disto". Mas só o Senhor sabe o que é melhor. E digo: *"Eu sei que Senhor está aqui comigo!"*

**Outra forma de rezar é** *meditar, aprofundar o Evangelho. União, trabalho e Deus* (à frente, há mais orientações sobre a Oração).

## d) A liberdade e o MAL

Nem sempre somos tão livres para seguir a Deus, recusá-lo ou culpá-lo. As confusões acontecem em nossa vida, por muitos meios e por muitas causas. Tem hora que não sabemos qual a melhor atitude a ser tomada. Nós somos uma ***mistura de santos e pecadores*** (Rm 7,19).

Ora o **mal** por excelência é o **diabo**. Mas na maior parte das vezes, nós é que somos o **diabo**, pois nós somos os sujeitos do ***pecado***. A culpa é ***nossa;*** individual e coletiva.

**O diabo** procura gerar em nós *a tentação* e o *princípio da* ***separação,*** dos quais precisamos defender-nos. É ele que coloca em nós ***a dúvida*** sobre nossa origem. E o pior, ele quer nos levar a pensar que ***Deus*** é ***mau e castiga***. Quer ainda mais, que nossa relação com Deus seja de ***necessidade*** e não de ***liberdade.*** Ora, Deus nunca se impõe. Ele ***sempre convida e respeita nossa liberdade***. E esse é o atentado mais *fundamental à fé!*

**– Essa liberdade poderia ser a chave da aliança entre Deus e os cientistas?**

A **ciência** é uma aliada, exceto quando se *pensa* onipotente. Vamos lutar juntos para derrotar esse vírus abençoado... ou amaldiçoado...

– Amaldiçoado pela ***dor que traz...*** pela ***quantidade infinita de caixões ...***

– Abençoado, porque pode nos dar a oportunidade de começar de novo e nos devolver o *senso do limite, que perdemos completamente.*

**– O distanciamento social pode nos unir mais?**

O desafio fundamental nos dias de hoje é a ***solidariedade social.*** Estando em quarentena, podemos repensar o sentido da proximidade; pois assim é Deus em relação a nós. Deus está próximo, portanto, solicita-nos a reciprocidade. Constatamos isso na solidariedade expressa no trabalho do pessoal da saúde.

– ***Outra palavra é*** **a "Misericórdia".** Ela é a palavra que une todos ao falar de Deus. Devemos nos preocupar com outras coisas. Temos oceanos de compaixão nestes dias. Pensamos naqueles que arriscam suas vidas! Mas o que os move se não esse *profundo senso do dever de estar perto do outro? Ora esse é o nome de Deus, "Deus conosco".*

Jesus foi questionado, várias vezes, sobre a ***culpa das vítimas.*** Por exemplo, no desmoronamento da torre e no massacre ordenado por **Pilatos** no templo (Lc 13,4). *Para Jesus,* o que importa não é se os que perderam a vida pecaram. O mais importante *para Jesus* é se *a tragédia foi um estímulo à conversão deles ou não.*

## A tragédia nos converterá?

Tudo isso será uma lição. *Não podemos continuar a abusar de nós mesmos e da criação. O* ***ecossistema global*** está reclamando. Nesse sentido, a *conversão é um retorno a Deus, à sua aliança e à sua Palavra.*

Nós nos consideramos seres livres. *Livres para pensar sobre a origem ou negá-la.* A experiência da pandemia é uma ocasião para nos distanciarmos da origem ou nos reaproximarmos?

Lembre-se de que *Jesus,* durante seu ministério público, passou muito tempo com os doentes. Antes da **medicina moderna,** quase que qualquer infecção poderia matar Jesus. Assim, a expectativa de vida era curta: apenas 30 ou 40 anos. Em outras palavras, Jesus conhecia o mundo da doença.

Jesus, então, entende todos os ***medos e preocupações*** que você tem. Jesus entende você, não apenas porque ele é divino e entende todas as coisas, mas porque ele é humano e experimentou todas as coisas. Vá ao encontro dele pela oração. E confie que Ele ouve você e está com você.

**Conclusão:** "Sim, Pandemia é ocasião *para darmos alguns passos na conversão*; vamos *mudar nosso estilo de vida, ou de orientação na vida. Esta é a razão da fé cristã*".

(Aprofunde este tema de **3 teólogos** italianos, em Unisinos 21/3/20)

## O que acadêmicos holandeses (170) propõem na pós-pandemia

Aparentemente, a **Holanda** é o país que com mais força está encarando o desafio de **reestruturar sua economia**, a partir do que nós vivemos no presente. Nesse contexto, **170 acadêmicos holandeses escreveram um manifesto**, com cinco pontos para a mudança econômica pós-crise da Covid-19, baseados nos princípios do **decrescimento**:

1. Passar de uma **economia** focada no crescimento do PIB, para diferenciar os setores que podem crescer e requerem investimentos (setores públicos críticos, energias limpas, educação, saúde) e os setores que devem decrescer radicalmente (petróleo, gás, mineração, publicidade etc.).

2. Construir uma **estrutura econômica** baseada na **redistribuição.** Que estabelece uma renda básica universal, um sistema universal de serviços públicos, um forte imposto sobre a renda, o lucro e a riqueza, horários de trabalho reduzidos e trabalhos compartilhados, e que reconhece os trabalhos de cuidado.

3. Transformar a **agricultura** para uma regenerativa. Baseada na conservação da **biodiversidade, sustentável** e baseada em **produção local e vegetariana**, além de condições justas de emprego e de salário.

4. Reduzir o **consumo** e as **viagens**, com uma drástica mudança de viagens luxuosas e de consumo desenfreado para um consumo e viagens básicas, necessárias, sustentáveis e satisfatórias.

5. Cancelamento da dívida. Especialmente de trabalhadores e donos de pequenos negócios, assim como de países do **Sul Global** (tanto a dívida de países como de instituições financeiras internacionais).

(Unisinos 29/4/2020)

# IV

# PLANO MARAVILHOSO DE DEUS

## (Sabe por que você está vivo?)

**"Deus não fica indiferente à história da humanidade."**

*"Nós não somos o produto casual e sem sentido da evolução. Cada um de nós é fruto de um pensamento de Deus. Cada um de nós é querido, cada um é amado, cada um é necessário."* Essa foi a afirmação do papa Bento XVI, na homilia do início de seu pontificado, em 24 de abril de 2005.

***"Deus teve um projeto em mente quando criou o universo, a vida e o ser humano."*** Sem essa verdade *não se compreende a história de Jesus Cristo, neste mundo.*

Penso que esta é a *verdade fundamental do* ***cristianismo, da Bíblia e da História da Humanidade.***

O Evangelho de João confirma: *"Deus amou tanto o mundo que entregou seu Filho único, para que todo o que nele crê não pereça, mas tenha vida eterna"* (Jo 3,16).

Existiu um "**Projeto Inteligente**": ***"Deus planejou tudo para que, no final das contas, surgisse o ser humano, por Ele querido e amado. Eu, Você, todos nós somos frutos desse projeto inteligente e de amor".***

Sim. Esta é *uma questão de fé.* Não se pode provar, pela ciência, que alguma Mente Superior está no começo de tudo. Isso escapa ao domínio da ciência; pertence ao domínio da metafísica e da fé.

Mas a ***ciência pode vir em auxílio da fé***. No final do século XX e começo deste, foram descobertas "***algumas constantes físicas***", que deixaram perplexos os homens da ciência. Essas constantes, expressas em números, estão ajustadas com tamanha exatidão que, se elas fossem ligeiramente diferentes, esse universo, que está aí, não existiria.

É a teoria chamada de **Ajuste Fino (Fine-Tuning).**

Hoje em dia, os cientistas estão convencidos de que houve ***um ajuste fino das leis e constantes da natureza que deram origem ao universo e à vida***. Foi um *ajuste fino e de fato bem ajustado;* de tal modo que é lícito concluir que o mundo e a vida não se formaram do puro acaso, mas de acordo *com um* ***projeto inteligente e intencional.***

O astrofísico ***Stephen Hawking***, autor do best-seller "Uma Breve História do Tempo", escreveu: *"O dado a se notar é que os valores destes números (****as constantes físicas fundamentais****) parecem ter sido muito adequadamente ajustados para tornar possível o desenvolvimento da vida. Por exemplo, se a carga elétrica do elétron fosse apenas ligeiramente diferente, as estrelas nem seriam capazes de fundir hidrogênio e hélio, nem teriam explodido... Parece claro que existe relativamente pouca variação de valores para os números (as constantes) que determinam o desenvolvimento de qualquer forma de vida inteligente"* (p. 176-177).

A BBC de Londres produziu um programa intitulado: "*O Princípio Antrópico*", um debate com a participação de vários cientistas de renome.

O ***Dr. Dennis Scani***, da Universidade de Cambridge, argumentou: "Se as leis da natureza fossem um pouquinho diferentes – como a carga do elétron – então o modo pelo qual o *universo se desenvolveu seria tão alterado que provavelmente a vida inteligente não teria sido capaz de desenvolver-se*".

O professor de física teórica da universidade de Newcastle acrescentou: *"A coisa realmente surpreendente não é que a vida na Terra seja equilibrada como em cima de um fio de navalha, mas que o universo inteiro seja equilibrado como em um fio de navalha, seria o caos total se qualquer uma das constantes naturais fosse levemente diferente"*.

O astrofísico ***Fred Hoyle*** também participou do debate. Sua argumentação foi que algum ser inteligente deve estar na origem do **ajuste fino**: "Uma interpretação de bom senso dos fatos *sugere que um Superintendente tenha se intrometido com a física*, como também com a química e a biologia, *e que não há forças cegas na natureza*".

Quais foram esses **ajustes finos da natureza**? Existem mais de vinte números. Lembramos alguns deles:

1. A **força gravitacional:** aquela que atrai todos os corpos entre si: se fosse maior, a vida das estrelas seria mais curta; se menor, não haveria produção de elementos pesados.

2. A **força nuclear forte:** aquela que une as partículas do núcleo dos átomos entre si: se fosse maior, não haveria a formação de hidrogênio e os núcleos essenciais à vida seriam instáveis; se fosse menor, não haveria a formação de elementos pesados.

3. A **força eletromagnética:** se fosse maior ou menor, não haveria ligação química.

4. A razão das **massas dos elétrons** para os prótons: se fosse maior ou menor, não haveria ligação química.

5. A razão **de expansão do universo:** se fosse maior, não haveria a formação de galáxias; se menor, o universo colapsaria antes da formação das estrelas.

6. O **universo é eletricamente neutro:** se fosse diferente, os planetas não poderiam estar estáveis em suas órbitas.

Como se vê, o **ajuste fino** revela que o universo só existe porque certas constantes físicas universais estão dentro de uma faixa muito estreita, que se alguma fosse levemente diferente, *o universo não teria as condições necessárias para o desenvolvimento da matéria, das estruturas astronômicas, da diversidade elementar ou da vida como ela é entendida atualmente.*

O astrofísico **Michael Turner**, da Universidade de Chicago, dá um exemplo: *"A precisão (**do ajuste fino**) é como se uma pessoa lançasse um dardo através do universo inteiro e acertasse na mosca em um alvo de um milímetro de diâmetro colocado no outro lado do universo"*.

Diante do fato, o professor **John Wheeler** tira uma conclusão: *"Para mim, deve haver, no fundo de tudo, não uma equação totalmente* *simples, mas uma ideia totalmente simples. E essa ideia, quando nós finalmente a descobrimos, é tão inevitável, tão bela, que diríamos uns para os outros: Como poderia ter sido de outro modo?"*

**O ajuste fino**, a enorme precisão das constantes físicas na criação do universo, *parece estar indicando que o mundo que está aí não é um produto do acaso. Esta projeção foi feita por um ser muito poderoso e muito inteligente, que teria alguma intenção em sua criação ou nós não estaríamos aqui vivendo nossa história.*

Conclusão:

**O universo, portanto, não é fruto do acaso, por isso não é um "caos".** Se, por um lado, a ciência não consegue explicar os primeiros momentos do universo e da vida, por outro lado, já possui uma vasta gama de dados que revelam *uma ordem extraordinária*, que o simples acaso não seria capaz de construir. Torna-se necessário ver, na origem ordenada do universo, e em sua evolução até o ser humano, a ação de um **ser inteligente**.

Esses argumentos sobre a **existência de Deus são muito atuais** e ajudam-nos a permanecer em nossa fé que, de fato, Deus existe. Não são provas científicas, contundentes e decisivas, mas são ***argumentos racionais que reforçam a coerência de nossa fé***.

(Para aprofundamento leia "Deus no Século XXI",
de Augusto Pasquoto. Editora Santuário, 2010.)

# V

# A ESSÊNCIA DO CRISTIANISMO

## (Onde está a minha Fé?)

Nós, cristãos, além de termos a certeza de que Deus se revelou ao criar o mundo, como vimos, temos uma certeza maior: *"Deus criou o mundo por amor"* e *"o maior amor de Deus somos cada um de nós"*.

O Evangelho de João confirma: *"Deus amou tanto o mundo que entregou seu Filho único, para que todo o que nele crê não pereça, mas tenha vida eterna"* (Jo 3,16).

**Sim.** ***Esta é uma questão de fé.*** Mas a ciência veio em auxílio de nossa fé.

A essência do cristianismo ***logicamente está fundada em Jesus Cristo, morto e Ressuscitado.***

**Como é isso?**

Jesus Cristo precisou se fazer humano, igual a nós. O Evangelho de João explica: "*E a Palavra (Jesus) se fez carne e habitou entre nós*" (Jo 1,14); por isso Jesus é a verdadeira comunicação do Pai. "*Ninguém vai ao Pai senão por mim*" (Jo 14,6); *"Eu e o Pai somos um"* (Jo 10,30).

Por isso, Jesus é *verdadeiro Deus e verdadeiro homem*. E os teólogos explicam: Em Cristo, existem duas naturezas: a divina e a humana, que subsistem em uma *só Pessoa*.

Jesus, sem deixar de ser Deus, assumiu a vida humana com todas as consequências e todos os problemas. *Ele se fez criança desamparada e impotente em Belém.* Deus entrou na história humana *pela porta do fundo*, diríamos nós. Ele poderia ter chegado pela frente, isto é, com poder e majestade, nascendo em uma casa maravilhosa, em um palácio esplêndido, e ser colocado em um berço de ouro. Mas não: Ele apareceu em Jesus, não como o Deus todo-poderoso e temível, mas como uma pessoa vulnerável, como alguém que se envolve até o fim em uma missão especial. *Jesus, Deus, entrou na história da humanidade para valer, assumiu a existência humana até a morte, e morte dolorosa na cruz.*

Jesus, o Filho, veio cumprir sua missão; mas o Pai e o Espírito Santo não ficaram de fora observando. A Santíssima Trindade nunca se desfaz ou separa. Sempre estão unidos. Então, quando o Filho se encarnou, o Pai e o Espírito Santo também "desceram" até a pessoa dele. *A Santíssima Trindade entrou na história da humanidade por intermédio da pessoa de Jesus Cristo.* Por isso nenhuma religião tem *seu Deus tão perto de nós*, como a religião cristã.

***A essência do cristianismo?***

***Está em que Jesus é verdadeiro Deus e verdadeiro homem***, é uma única pessoa com duas naturezas, completas, únicas e inseparáveis. Em sua pessoa, portanto, unem-se estreitamente **o divino e o humano**.

*Esta é a verdade fundamental do cristianismo. Verdade que pode ser atingida somente pela fé.* A ciência nada pode dizer sobre a encarnação de Jesus Cristo, Palavra de Deus.

O teólogo **C. Baxter Kruger** afirma que "***Jesus sacudiu o mundo!*** *Sua presença foi grande demais, espantosa demais, maravilhosa demais para ser compreendida, mas precisava ser revelada. Sua vida envolveu o cosmo inteiro e cada ser humano nele. E o mais importante de tudo:* ***sua presença envolveu a Deus***".

***Jesus Cristo é a verdadeira Palavra de Deus.*** E quando meditamos suas palavras no Evangelho, Deus se revela a nós como Ele é, e podemos *entrever Deus. "Ninguém vai ao Pai senão por mim" (Jo 14,6).* Não nos é possível contemplar Deus diretamente. *Mas a imagem dele resplandece* na Pessoa e nas Obras de Jesus.

***Cristão é aquele*** que descobriu *quem é Jesus e se apaixonou por seu amor*. Daí a importância de *conhecer sua Palavra*, especialmente o Novo Testamento, para conhecer e viver como Jesus. É claro que cada Evangelho nos traz uma imagem diferente de Jesus, conforme suas Comunidades, mas Jesus é um só.

***Viver e crescer em comunidade*** é também uma meta e um modo de vida para os cristãos. Construir o Reino de Deus e seu projeto de amor é a meta e a luta dos cristãos. A preocupação com os necessitados, **os pobres,** é central na vivência cristã, mas só conseguiremos isso pela vida de oração e pela força dos sacramentos.

Para nós, cristãos, a verdadeira meta *de nossa vida é o* ***amor eterno de Deus****, que Jesus nos revelou por toda a sua vida e por sua morte e Ressurreição.* Ser uma pessoa de fé cristã significa continuar perguntando, cada dia, o que Jesus Cristo é, o que Jesus faria hoje e como acompanharia os problemas básicos da vida: *com o trabalho, os sofrimentos, os pecados, o amor, o prazer, as doenças e a morte.* Mas, para nós, o *caminho permanente* que nos leva ao Pai é Jesus Cristo, o Ressuscitado. E nós precisamos olhar para os exemplos e testemunhos dos que seguiram Jesus. E juntos, como Maria, sua e nossa Mãe, temos um exemplo *fiel e modelo* de nossa fé e de nossa caminhada.

Mas a ***Morte e a Ressurreição de Jesus*** são a fonte *permanente da fé cristã e seu ponto mais elevado.* A paixão e a morte de Jesus são a suprema prova de seu amor: "*Nos amou até o fim*" (Jo 13,1). E Jesus Ressuscitado é o grande testemunho da fidelidade de Jesus e da ação do Pai, *Senhor da Vida.* Acontecimentos que não são ilusão, mas que se localizaram dentro da história da humanidade; que foram atestados por muitas testemunhas e que podem ser verificados; mas, sobretudo, transformaram a vida de tanta gente e de tantos mártires!

Por isso, Paulo, o grande convertido, ensina que a ***fé na Ressurreição de Cristo*** é fundamental para os cristãos: "*Se Cristo não ressuscitou, vazia é nossa pregação, vazia também é vossa fé. E nós aparecemos ainda como falsas testemunhas de Deus, porque contra Deus afirmamos que Ele ressuscitou a Cristo, quando de fato não ressuscitou, se é que os mortos não ressuscitam*" (1Cor 15,14-15).

A fé cristã só é verdadeiramente firme se *Cristo realmente ressuscitou dos mortos.* Caso contrário, a fé cristã estaria morta e Jesus

Cristo seria uma personalidade religiosa falida. Por isso, o papa Bento XVI ensina: *"**Somente se Jesus ressuscitou aconteceu algo de verdadeiramente novo, que muda o mundo e a situação do homem. Então Ele, Jesus, torna-se o critério no qual podemos fiar-nos; porque então Deus manifestou-se verdadeiramente**"*.

(cf. "Jesus de Nazaré", Ed. Planeta, p. 218)

Jesus Cristo não só ressuscitou como também nos deixou a Boa-Nova de *nossa própria ressurreição.* Após nossa morte iremos para a glória de Deus. Ao bom ladrão Jesus disse: *"Em verdade eu te digo, hoje estarás comigo no Paraíso"* (Lc 23,43). Nós seremos acolhidos na glória de Deus. *"Deus vai modificar tudo em nós e vai insuflar nova vida até naquilo que já estiver morto em nós"*, diz Anselm Grün, em "Fé dos Cristãos".

(Ed. Vozes, p. 57)

Ante o acontecimento do mistério da ***morte e ressurreição de Jesus***, o apóstolo Paulo tirou esta conclusão: *"**Pois estou convencido de que nem a morte nem a vida, nem os anjos nem os principados, nem o presente nem o futuro, nem os poderes nem a altura, nem a profundeza nem qualquer outra criatura poderá nos separar do amor de Deus manifestado em Cristo Jesus, nosso Senhor**"* (Rm 8,38-39).

Nossa fé ilumina e clareia o tempo da Pandemia.

# VI

# PANDEMIA E ORAÇÃO

## (A Oração resolve os problemas da pessoa, não os do mundo)

*"Fica conosco, pois cai a tarde e o dia declina"* (Lc 24,29), disseram os discípulos de Emaús a Jesus. Ficai conosco, Senhor, acompanha-nos ainda que, nem sempre, tenhamos sabido reconhecer-te. Que pedido lindo e importante! Fica conosco, Senhor, sobretudo **nesta Pandemia.**

A Oração é para mudar nosso coração, e não o coração de Deus. Deus não precisa de nós; nós é que precisamos dele. Diante da Pandemia e de nossos problemas, rezar faz muita falta para nós. Quando estou com Deus não preciso ter medo de nada. Ele é a minha fortaleza e com ele nada me falta. Deus não precisa mudar; nós é que precisamos mudar.

***Qual lugar Deus ocupa em minha vida?***

Amar a Deus sobre todas as coisas é saber que Ele é o mais importante. Ele nos criou para estar sempre unido a nós. Mas nós descuidamos e fugimos dele. Outras coisas ocupam nosso coração e enchem nosso dia. Colocamos Deus de lado, longe de nós, e, muitas vezes, só nos lembramos dele em nossos apuros. Faltam-nos mais fé e amor. ***E a oração é para fortalecer nossa fé e nosso amor*** em Deus, já que somos seus filhos, e foi por nós que Jesus morreu na Cruz.

Hoje em dia, estamos vivendo uma redescoberta da **Mística** em todos os níveis. Nunca se falou tanto em busca de um "***sen-***

***tido para a existência***". Nunca se buscou tanto sobre Espiritualidade, Encontros, Retiros e ...adaptados ao mundo pós-moderno.

A **Teologia Espiritual** preocupa-se em estudar a experiência espiritual cristã, no encontro entre a Liberdade Divina e a liberdade humana.

* **Dificuldades?** Muitos reclamam da ***falta de fé.*** A **falta de fé** é a razão profunda de muitas patologias dos fiéis, e a tentação de abandonar a fé é cotidiana e está presente em nossos corações. Por isso escrevi meu livro: **"*Senhor, aumenta a minha fé*"**. É importante para você e para sua família rezarem e meditarem juntos.

Portanto, só nos resta ***renovar a fé***, com a certeza de que o Senhor caminha conosco. E mais: Jesus é o "Bom Pastor", que deu sua vida por todos os humanos com um ***amor fiel até o fim*** (Jo 13,1).

* Com a Pandemia não estamos diante de *um enigma ou quebra-cabeça*, mas sim de um **mistério de fé. Mistério de fé** que nos faz acreditar e confiar em um **Deus, Pai-Mãe, Criador.** Não no Deus que castiga, mas no Deus que é bom e misericordioso e que está sempre conosco, pois é o Emanuel.

* ***Acreditamos e confiamos*** em ***Jesus de Nazaré*** que vem nos dar vida em abundância e se compadece dos que sofrem.

* Acreditamos e confiamos em ***um Espírito vivificante***, Senhor e doador de vida. E essa fé não é uma conquista, é um dom do Espírito do Senhor, que nos chega por meio da Palavra, na Comunidade Eclesial.

**Onde está Deus?**

Temos dificuldade de encontrar Deus. É Deus que não age em nós ou *somos nós que não fazemos o que devemos?*

**Deus está presente nas vítimas** dessa pandemia, está **nos médicos e agentes sanitaristas** que os atendem, está nos **cientistas** que buscam vacinas antivírus, está em todos os que **colaboram e ajudam** para solucionar o problema, está nos que **rezam** pelos demais, nos que **difundem esperança.** Lindo o **Salmo 91:**

*"Quem habita ao abrigo do Altíssimo e vive à sombra do Senhor onipotente, diz ao Senhor: 'Sois meu refúgio e proteção, sois o meu Deus, no qual confio inteiramente'. Do caçador e de seu laço ele te livra. Ele te salva da palavra que destrói. Com suas asas haverá de proteger-te com seu escudo e suas armas, defender-te. Não temerás terror algum durante a noite, nem a flecha disparada em pleno dia; nem a peste que caminha pelo escuro nem a desgraça que devasta ao meio-dia"* (Sl 91,1-7).

Talvez essa **pandemia** nos ajude a encontrar Deus **onde não esperávamos!**

a) **Oração Cristã**

O Centro da **"Oração Cristã" é Jesus.** Ele **rezou e ensinou** a rezar. Convido-vos, hoje, a olhar para a oração de Jesus. Esta atravessa todos os momentos de sua vida, guiando-o até o dom total de si mesmo, segundo os desígnios de Deus Pai. **Jesus é o nosso mestre de oração.**

Mas, quem ensinou Jesus a rezar? Como homem aprendeu a rezar com sua ***Mãe e a tradição judaica.*** Mas sua oração brota de uma fonte secreta, porque Ele é o Filho eterno de Deus, que, em sua santa humanidade, dirige a seu Pai a oração filial perfeita.

Podemos resumir a **Oração de Jesus** em três pontos:

1. Manter a **união com o Pai e o Espírito Santo:** por isso louvava e agradecia.

2. Entender bem **o que o Pai queria** e como fazer: Meditação. Noites de Oração.

3. Nos **Momentos Difíceis**: *Começo da Missão – Escolha dos Apóstolos – Coragem nas dificuldades, sobretudo na morte.*

Jesus deixou o **Pai-nosso** como grande **modelo da Oração**: (mais à frente).

**1. Louva** (Santificado)

**2. Ver a Missão** (Reino e Vontade)

**3. Súplicas e pedidos** (Pão – perdão – cair no mal).

Assim, olhando para a oração de Jesus, devemos nos perguntar:

b) **Como é nossa oração?**

A **oração de súplica** tem como base estas duas atitudes:

* **a necessidade** (*"Eu tenho esta necessidade, Senhor, escuta"*)

* **a certeza** (*Eu acredito que tu podes fazer isso porque tu prometeste*)

**Na Oração de súplica**, ensina assim o papa Francisco: "*Rezar é incomodar a Deus até que ele nos escute*".

*Deus pode. Quando e como, não sabemos. "Esta é a certeza da oração."*

Papa Francisco afirmou: "Não sei se isto soa mal, *mas rezar é, mais ou menos, como incomodar a Deus, até que ele nos escute*".

**Dificuldades comuns:**

1. Quanto tempo dedicamos à oração com Deus? **Falta de tempo** é a nossa desculpa. Temos outras prioridades.

2. Nossa oração é mais de **súplica**. Corremos **quando precisamos**! Resolvido o problema, acaba nosso compromisso; pois não precisamos de Deus para ganhar o pão (por isso há tanta exploração, roubos!), nem para nos divertir (por isso há tantas irresponsabilidades!).

**3. Comunhão – Confissão – Missa – Leitura do Evangelho – Terço!?**

Hoje, em um mundo frequentemente fechado ao horizonte divino, os cristãos estão chamados a ***ser testemunhas de oração***. E é por meio de nossa ***oração fiel e constante***, na amizade profunda com Jesus, vivendo nele e com ele a ***relação filial com o Pai***, que poderemos abrir, no mundo, as janelas para o Céu.

# VII

# O MAL, O PECADO, A MORTE E A FÉ

**O problema do mal** foi e continua sendo a ***grande indagação*** *do homem.* **O mal é um mistério** que sempre desafiou a humanidade. **É um problema angustiante** para todos, principalmente para os que creem em Deus. Mas muitas pessoas ***não o aceitam, porque não o entendem.*** *Vamos tentar ajudar.*

* Há males **do próprio sujeito**, como: *ingestão de álcool e drogas, excesso de trabalho, suicídio.*

* Há males **causados por outros**, como: *homicídios, latrocínios, agressões, sequestros, imprudência no trânsito, estupros, aborto, escravidão.*

* Há males **causados pela sociedade,** como: *guerras, genocídio, escravidão, xenofobia.*

* Há males **que atingem a natureza,** como: *queimadas, desmatamentos, poluição do ar, da água, do solo, extinção de plantas e animais.*

Ora, todos os ***MALES (o Pecado e a Morte) estão interligados***; um tem a ver com o outro. Em geral, andam juntos. Os males não costumam vir sozinhos! Ora, como vimos, **muitas das desgraças que atribuímos a Deus** são causadas pelos próprios homens.

**A fé** nem sempre segue por um caminho ***fácil e desimpedido.*** *Há pedras no caminho, nas quais o crente pode tropeçar. Uma delas, talvez a maior,* ***seja o mal que existe no mundo e que frequentemente nos atinge.***

Quem não se comove diante de criaturas inocentes transformadas em ***vítimas da fome, da miséria, das doenças, da violência, das guerras, dos desastres naturais?***

**Como resolver o problema do Mal?**

***Na história da filosofia e da teologia***, apareceram várias teorias para explicar a presença do mal no mundo. São várias as tentativas. Uma delas é o **dualismo**, que ensina que há o ***Deus do bem*** e o ***deus do mal***.

Mas a teologia cristã nunca concordou com a existência de duas divindades opostas. **Santo Agostinho** já dizia que o mal não existe em si mesmo e não é uma divindade.

O ***ensinamento cristão*** é outro. ***O sofrimento decorre do mal***, mas o mal não decorre ***de Deus***. ***"O mal decorre do ser humano e de suas imperfeições." O mal não pode vir de Deus***, porque Deus é perfeito e infinito e não tenta ninguém. **Mas vem do ser humano,** que é criatura criada, por isso sempre será imperfeito. Há quem *diga que o ser humano é duplamente limitado:* ***"tem defeito de fabricação e prazo de validade"***.

***A criação é um gesto de partilha, de comunhão, de amor do Criador*** por suas criaturas, e não fruto ***do acaso***.

Mas, ao nos criar, Deus nos deu o *dom da liberdade*; podemos escolher o bem ou escolher o mal. Há momentos em que somos *bons* e momentos em que somos *maus*. Há o *mal pessoal e o mal grupal ou comunitário. E Paulo* tem uma palavra bem forte. *"Eu não faço o bem que quero e faço o mal que não quero" (Rm 7,19). E aponta o pecado, que há em mim, como culpado. E termina afirmando que só Jesus o poderá libertar.*

**O papa Bento XVI** chama a atenção ao problema do mal em si (demônio, relativismo). ***"Desde a década de 1970*** desenvolveu-se a tese – que penetrou também na teoria moral católica – de que não ***existe algo de mal em si. Existiria apenas um mal relati-***

***vo. O que é bem ou mal dependeria das consequências.*** *Bem e mal se tornaram intercambiáveis* ***e não se encontram mais claramente em oposição um ou a outro."*** ("Luz do Mundo", Paulinas, 2011, p. 57). Essa ideia não é aceitável nos ensinamentos da teologia católica.

**Ora, o problema do mal tem grande apelo popular**. Por isso é motivo de escândalo para a fé de muita gente. Cada pessoa pode ter comportamento diferente diante do mal: de revolta ou de aceitação humilde.

**Seguem dois exemplos**:

1. O **grande cientista Charles Darwin** era um cristão fervoroso e quase chegou a ser sacerdote da Igreja anglicana. Foi educado na religião cristã. Mas quando passou por um grande sofrimento, sua ***filha predileta, Annie, de 10 anos, morreu de uma doença desconhecida e incurável***, começou a duvidar da bondade divina. Disse que não acreditava mais nos ensinamentos dos Evangelhos e deixou de frequentar a igreja.

2. Outro cientista famoso é **Francis S. Collins**, que por muitos anos foi ***diretor do Projeto Genoma.*** Foi criado em uma família que não praticava a religião. Formou-se em medicina. Tornou-se agnóstico e, depois, abertamente ateu. Um dia recebeu um choque violento. Ele mesmo conta: *"Conheci uma estudante universitária que estava morando sozinha, durante as férias de verão. Ela foi despertada na escuridão da noite, pois um estranho invadira seu apartamento. Pressionando uma faca contra a garganta dela, ele ignorou-lhe as súplicas, colocou-lhe uma venda nos olhos e a possuiu à força. Esse homem a deixou arrasada. Revivendo a experiência inúmeras vezes durante anos. Jamais foi apanhado".*

Collins concluiu: **"Essa jovem era minha filha"**. Ele questionou: *"Por que Ele (Deus) não atingiu o criminoso com um relâmpago ou, pelo menos, com um sentimento súbito de dor na consciência?"* No entanto, apesar da dor intensa de um pai nessa situação, ***Collins não se revoltou contra Deus.*** Mais tarde, ele deixou ***o ateísmo e se tornou um cristão convicto.***

Em seu livro: **"A Linguagem de Deus: um cientista apresenta evidências de que Ele existe"**, ele conta suas experiências **no campo da ciência e da fé** (p. 52).

Pelos exemplos vemos que o ser humano ***nunca é abandonado pelo Criador; mas a liberdade de escolha é pessoal.***

E há algo mais. O mal também pode ter **uma função purificadora.** *"Quem sofre pode sentir na pele suas próprias limitações!"* A percepção do ***próprio limite*** pode sentir mais ***necessidade de afeto***; pode sentir a necessidade de se ***apegar mais ao sobrenatural***, ajudando a superar a ***superficialidade.*** **Paulo** nos ensina que nosso sofrimento também é salvador. *"Eu me alegro de sofrer por vós, pois completo na minha carne o que faltou à Paixão de Cristo"* (Cl 1,24).

É verdade que muitas desgraças, que nos atingem, são atribuídas a Deus; mas, de fato, são provocadas pelo ser humano. Em Jesus Cristo, Deus assumiu todo o fardo do sofrimento humano: ***a traição, o abandono, o medo, o silêncio de Deus, o sofrimento físico, a morte***. E, como em Jesus Cristo, Deus não nos protege de todo sofrimento, ***mas nos dá força em todo sofrimento, ficando conosco,*** *mesmo quando nos parece que Ele nos abandona.* Jesus carrega a Cruz por nós e conosco.

Como ensina Paulo: *"Pois estou convencido de que nem a morte nem a vida, nem os anjos nem os poderes celestiais, nem o presente nem o futuro, nem as forças cósmicas nem a altura, nem a profundeza, nenhuma outra criatura poderá separar-nos do amor de Deus manifestado em Jesus Cristo, nosso Senhor"* (Rm 8,38-39).

Com Jesus, o ser humano pode fazer o caminho de volta e recomeçar. Deus jamais deixará de nos amar.

**Conclusão: *"O mal e o sofrimento não duram para sempre e serão vencidos".***

E a garantia disso é a ***Ressurreição de Jesus***. Por isso ***"toda lágrima será enxugada"*** (Ap 7,17). Ali, a fé nos assegura que *todo pecado* ***será redimido e todo mal será vencido.***

# VIII

# O PAI-NOSSO PARA A PANDEMIA

"Meu primeiro desejo, nestes momentos dolorosos, para toda a humanidade, é que o teu nome de ***Pai seja reconhecido e respeitado***. Que ninguém o despreze, ***prejudicando teus filhos e filhas***."
Na Bíblia, o Pai-nosso está em Mateus 6,9-14 e em Lucas 11,2-5. Em geral, o que é rezado individualmente ou nas comunidades é a versão de Mateus.

A oração do **Pai-nosso** é uma oração curta. A única que **Jesus** deixou de herança a seus discípulos. É uma oração diferente. Todos os cristãos a rezam; e ela não fala de **Cristo,** mas **do Pai**. Ela é rezada em todas as igrejas, mas nenhuma igreja é mencionada. Os católicos a rezam na missa dominical, mas essa oração não diz nada sobre nenhuma religião.

**J. D. Crossan** ensina que é "uma ***oração revolucionária que proclama uma nova visão da história***. Trata-se de um manifesto radical e de um ***hino de esperança em uma linguagem dirigida a toda a terra***".

Vamos, agora, explicar *cada uma das* Sete *afirmações* do Pai-nosso:

**"Pai nosso, que estais nos céus"**

Tu és ***nosso Pai***, e isso lembra que ***somos todos teus filhos e, filhas. Estás no céu, porque és de todos.*** Não estás ligado a nenhum templo nem a algum lugar sagrado da terra.

Não pertences a um povo nem a uma raça privilegiada. Não é propriedade de nenhuma religião. Não és só dos bons. Todos podemos te invocar como Pai.

**"Santificado seja o vosso nome"**

É nosso primeiro desejo nestes ***momentos dolorosos para toda a humanidade.*** Que teu nome de Pai seja reconhecido e respeitado. Que ninguém o despreze, prejudicando teus filhos e filhas.

Que ***não percamos nossa confiança em ti.*** Que sejam expulsos os nomes de todos os ***deuses e ídolos*** que nos desumanizam. O **dinheiro** que nos divide e não nos permite ser irmãos, a **violência** que alimenta nossas guerras, **o poder** que nos leva a desprezar os fracos.

**"Venha a nós o vosso reino"**

Se ***tu reinares entre nós, a justiça, a igualdade e a paz reinarão na terra.*** Poderemos enfrentar juntos os problemas do planeta. Unidos como irmãos e irmãs, venceremos as pandemias que podem afligir a humanidade.

Que **os ricos** não reinem sobre os pobres; que os **povos poderosos** não abusem dos fracos; que os **homens** não dominem sobre as mulheres. Venha teu reino e reine sobre a terra a fraternidade.

**"Seja feita a vossa vontade assim na terra como no céu"**

Que seja feita a tua vontade, e não a nossa. ***O coronavírus nos faz descobrir que, na terra, tudo está incompleto, vivemos tudo pela metade.*** Não queremos aprender que nós, ***seres humanos, somos frágeis e vulneráveis***, que não podemos alcançar aqui a plenitude, à qual, do fundo de nosso ser, todos nós ansiamos.

***Pai, só podemos confiar em tua bondade insondável.*** Então, que não seja feito o que nós queremos, **movidos pelo egoísmo**, pelo **consumismo** e por nosso **bem-estar**. Seja feito o que tu queres, porque ***sempre buscarás o bem de todos.***

**"O pão nosso de cada dia nos dai hoje"**

Que nestes momentos tão duros para toda a humanidade ***a ninguém falte o pão***. Não te pedimos ***dinheiro***, não queremos ***riquezas*** para acumular, mas sim o ***pão cotidiano para todos***.

Que esta ***pandemia do coronavírus*** nos recorde para sempre que a primeira coisa de ***tudo é a vida***: que os famintos possam *comer;* que os pobres parem de *chorar*; que os migrantes e os refugiados sejam acolhidos por nós, para que possam *sobreviver e ter uma casa*.

**"Perdoai-nos as nossas ofensas"**

Pai, ***perdoa as nossas ofensas***: nossa *indiferença*, nossa *incredulidade*, nossa *resistência em confiar em ti*. Ao longo destes anos, mudamos muito por dentro. Nós nos tornamos *mais críticos*, mas também *menos consistentes*. Mais *indiferentes a tudo* o que não seja nosso bem-estar, mas *mais vulneráveis* do que nunca diante de qualquer crise.

Não nos é fácil crer, mas também nos é difícil não crer em nada. Queremos viver esta dura experiência como irmãos e irmãs.

**"Assim como nós perdoamos a quem nos tem ofendido"**

Nestes momentos em que vivemos assustados, descobrindo a impotência que todos sentimos diante deste limite inevitável da morte, também nós queremos nos perdoar reciprocamente, uns aos outros.

Não queremos alimentar rejeições, nem ressentimentos contra ninguém. Queremos viver esta dura experiência como irmãos e irmãs.

**"E não nos deixeis cair em tentação"**

***Somos fracos e limitados***. Estamos experimentando isso agora mais do que nunca. Estamos sempre expostos a tomar decisões e a cometer erros que podem ***arruinar nossa vida e a dos outros***. Por isso, não nos deixes cair na tentação de esquecer-te e de rejeitar-te, Pai. Desperta em nós a ***confiança em tua bondad***e.

Precisamos de ti mais do que nunca. Tu podes abrir estradas para nos encontrar em cada um de nós: crentes e não crentes, ateus ou agnósticos. Que ***todos possamos sentir a força silenciosa, mas eficaz, em nosso íntimo***.

**"Mas livrai-nos do mal"**

Somos responsáveis por nossos erros, mas também vítimas. **O mal e a injustiça** não estão apenas em **nossas pessoas**. Estão também **nas estruturas e nas instituições, nas políticas e nas religiões.** Por isso, terminamos nossa oração com um grito: **"Pai, livra-nos do mal!** Um dia, esta felicidade plena, à qual todos ansiamos, tornar-se-á realidade.

As **horas alegres e felizes** que desfrutamos na terra e também as experiências amargas e dolorosas que vivemos; o amor, a justiça e a solidariedade que semeamos; e também os erros e as bobagens que cometemos. **Tudo será transformado na felicidade plena.** Não haverá nem morte nem dor. Ninguém ficará triste, ninguém precisará chorar. **Um texto cristão,** escrito em uma das primeiras comunidades, coloca na boca de Deus estas palavras: **"Para quem tiver sede, eu darei gratuitamente da fonte"** (Ap 21,6). "Gratuitamente", isto é, não por nossos méritos, "para quem tiver sede da vida", e quem não tem sede da vida eterna?

Cada um ***deve decidir como quer viver e como quer morrer***. Eu creio e confio que o mistério último da realidade, que alguns de nós chamamos "***Deus***", outros "*Energia*", outros "*Transcendente*" e outros "nada", é um ***Mistério de Bondade***, no qual todos encontraremos a **Plenitude de nossa existência. Amém.**

(Leia mais, em artigo publicado em *Settimana News*, 29/3/2020.
Padre espanhol e teólogo José Antonio Pagola, Unisinos.)

# IX

# PANDEMIA E MARIA

## Quem é Maria?

## Mensagem de Maria

“**E a Palavra** (Deus Filho) **se fez carne e habitou entre nós**” (Jo 1,14). Deus, sendo onipotente, poderia manifestar-se de muitas maneiras, *mas escolheu nascer, por meio de uma mulher, Maria.* Jesus nasceu de Maria, por isso é seu filho.

Pelo estudo da biologia, sabemos que Jesus herdou dois DNAs. Por parte de pai, tem o DNA de Deus, por meio da ação do Espírito Santo; por parte da mãe, tem o DNA de Maria. O sangue de Cristo tem o DNA só da Mãe, que é Maria. É por isso que Maria é tão importante para Jesus, para a Igreja e para os cristãos. Ela tomou parte na formação da natureza humana de Jesus.

Os católicos têm, desde o início da cristandade, grande **amor e devoção a Maria, Mãe de Deus.**

### a) Mensagem de Maria sobre a Pandemia!

Poderíamos falar muitas coisas, mas quero situar minha reflexão em três pontos, que explicarei a seguir:

1. ***“Eis aqui a Serva do Senhor, faça-se em mim segundo tua Palavra”*** (Lc 1,38)
2. ***“Uma espada de dor atravessará tua alma”*** (Lc 2,35)
3. ***“Mulher, eis o teu filho. Filho, eis a tua Mãe”*** (Jo 19,26)

**1.** ***"Eis aqui a Serva do Senhor. Faça-se em mim segundo tua Palavra"*** (Lc 1,38)

Quem, alguma vez na vida, foi capaz de dizer uma palavra assim para Deus? Essa palavra revela uma *fé e confiança total no Deus* que a chamou e convidou para ser a Mãe do Salvador. Aceita a Palavra e o pedido de Deus para *toda a sua vida*. A Mãe é mãe para toda a vida, não só para dar à luz. É fácil ser mãe? Por isso o grande Santo Afonso, inteligentemente, afirma: *"Se Deus a escolheu também a preparou"*. E que grande preparo!

Podemos ver também em Maria sua *autoconfiança*. Estava segura, preparada, corajosa. Não pediu um tempo para pensar! Nem foi consultar seus pais, seu noivo, José! E como José também sofreu, tanto que queria acabar com o noivado! No começo enfrentou, diríamos, sozinha. Podia pedir: "Vou fazer um retiro, rezar mais um pouco". Mas, não, sua Palavra é firme: ***"Eis-aqui a serva do Senhor"***. Primeiramente, Maria é a ***"serva do Senhor"***, ou seja, está a serviço, disponível, pronta. Ela se doa e se entrega. Não é Rainha que manda, mas a serva que se doa. Que lição maravilhosa para todos nós!

Claro que, depois, na visita à prima Isabel, Maria recebe todo o *apoio, agradecimento* e *a admiração*. Com a chegada de Maria até o nascituro João Batista pulou de alegria no ventre da mãe. E, cheia do Espírito Santo, Isabel exclamou: *"Bendita és tu entre as mulheres e bendito é o fruto de teu ventre!" "Como mereço que a mãe de meu Senhor me venha visitar?" "Ditosa aquela que acreditou, pois o que lhe foi dito da parte do Senhor será cumprido"* (Lc 1,41-45).

Quem em sua vida já recebeu uma *saudação tão exultante* assim e *elogios tão verdadeiros*, e de uma pessoa com tanta fé?!

– "***Maria, a mãe de meu Senhor***", diz Isabel; por isso que, nós católicos, a chamamos "minha Nossa Senhora", porque é Mãe de meu "Senhor", Jesus Cristo.

– "***Bendita, bem-aventurada és tu entre as mulheres.***" Por quê? Por ser a Mãe de Jesus, o Salvador, e por ter aceitado esta importantíssima Missão de ser a Mãe do Salvador.

– ***"Ditosa" ou "Felizarda" porque acreditou, teve fé,*** *confiou plenamente.*

E depois Maria proclama o canto maravilhoso *do Magnificat*, que veremos mais à frente.

## 2. *"Uma espada de dor atravessará tua alma"* (Lc 2,35)

José e Maria, muito religiosos, foram realizar o rito da *purificação* e da *apresentação de Jesus no Templo*, para cumprirem a Lei do Senhor (Lc 2,23ss).

É nesse momento que aparece o piedoso Simeão. Ele, *"depois de abençoar Maria, mãe de Jesus, e guiado pelo Espírito Santo,* proclama: ***'Este será causa de queda e reerguimento de muitos em Israel. Ele será um sinal de contradição; a ti (Maria), uma espada te traspassará a alma'"*.**

*Palavra dura e* séria, nessa hora *tão solene e de festa*. Aí, não tem nada de parabéns ou felicidades. Falou cara a cara. Isabel não viu nada disso, só agradeceu e exultou. Agora a coisa mudou. O futuro é de nuvens carregadas. Duas coisas:

– *A Missão de Jesus*, o futuro de Jesus será *motivo de contradição*. Precisa de uma definição, de uma avaliação. Diante de Jesus, não podemos ficar em cima do muro: *"Quem não está comigo está contra mim!"* Exige escolha e fundamentação, pois é dessa escolha que depende nossa salvação ou nossa condenação.

– Mas há uma segunda coisa: *"A ti (Maria), uma espada te traspassará a alma"*. E a espada a acompanhou na fuga para o Egito, na perda de Jesus na festa, e a acompanhou até a morte de seu Filho na Cruz! E o maravilhoso é ver que Maria é a ***"mulher forte"***. Não teve medo; não fugiu! Por que sabia em quem tinha confiado, por isso Maria é a Mãe do *sim fiel e da perseverança*!

E como Maria e José receberam essas palavras? Será que depois, no caminho de volta, conversaram a respeito. Não sabemos. Não era hora de se arrepender e voltar atrás? Será que vai ter espinhos por toda a vida em sua missão? O Evangelista Lucas, que deve ter conversado muito com Maria em Éfeso – onde Maria morava com o Apóstolo João –, afirma: *"Maria guardava todas estas coisas em seu coração"* (Lc 2,51). Que dica maravilhosa! A mulher séria, meditativa, a mulher silenciosa e pouco barulhenta!

*"Minha mãe e meus familiares são os que ouvem e praticam a Palavra de Deus"*, como Maria (Mt 12,50).

Quantas são as espadas que transpassam o coração das mães, neste momento? Doenças? Fome? Mortes? Traições? Desgostos?...

Quantas lágrimas nossas mães derramaram! Como a Palavra de Deus é atual e a resposta de Maria se atualiza e concretiza!

### 3. *"Mulher (Ishá), eis o teu filho. Filho, eis a tua Mãe." E o "discípulo" (amado ou Fiel) a levou para sua casa (Família)* (Jo 19,26s)

Mulher é 'Ishá', porque o homem é 'Ish'. Maria é a Nova Mulher (Eva).

Jesus não guardou sua mãe só para si. Não foi egoísta. Pensou na Mãe e pensou em nós. *Não há Cristo sem Mãe, nem Mãe sem Comunidade*. O discípulo leva Maria para sua casa, para sua família, para sua vida. A presença de *Maria na Comunidade* é claramente expressa nos Atos dos Apóstolos (1,14). Fortalecidos pelo Espírito Santo, Maria os animava sempre – como só a Mãe sabe fazer – apesar das grandes dificuldade e perseguições no começo da Comunidade.

Jesus queria, por isso não nos deixou órfãos. *Deixou-nos sua Mãe*: *"Filho, eis a tua Mãe"*. E o que de mais importante nos poderia ter deixado? Às vezes, parece que só valorizamos nossa Mãe quando a perdemos. Ó tristeza! E como a mãe nos faz falta! Como Maria nos faz falta! A Igreja ensina que em *Maria "tudo se refere a Cristo e dele depende"*. Por isso, nunca podemos *"separar Jesus de Maria, nem Maria de Jesus"*.

Mas a Igreja ensina mais *"Maria é nossa Mãe e Educadora da nossa Fé"* (LG 63 e Pb. 282). E o é, sem dúvida. Aprendamos com Maria a sermos fiéis e comprometidos, como ela o foi, e a termos a coragem e a Fé, que só Maria teve.

O evangelista frisa que *"Maria estava de pé!"* Como é difícil estar inteiro, de pé, nesta hora! Não costuma ser assim, sobretudo quando uma mãe perde um filho. Ó momento terrível! O que Maria tinha de especial? Considere você mesmo.

Sabemos que São João viveu com Maria em Éfeso. Ainda resta sua casinha. Devem ter morado também na *Ilha de Patmos*. Quando e onde Maria morreu, pouco sabemos. Em Jerusalém há a igreja da chamada "Dormissão". "*Terminada a sua jornada na terra, Maria foi levada ao céu em corpo e alma.*" Este é o ensinamento da Igreja, confirmado em 1950.

E agora, junto de Deus, continua a ajudar-nos. Se, nas **Bodas de Caná**, soube estar atenta às necessidades daqueles noivos. Quanto mais agora, junto de seu Divino Filho, "*Quem crê em mim, ainda que tenha morrido, viverá*" (Jo 11,25). – Maria continua sua missão de Nossa Mãe no Céu. E que Mãe tão maravilhosa e poderosa!

*Que seu exemplo de Fé e Coragem* nos anime sempre. E como Ela *foi fiel e perseverante até o fim*, que Ela nos ajude a sermos *fiéis e perseverantes*, sobretudo nas horas terríveis da Pandemia. Não deixe de rezar a ***Oração a Nossa Senhora do Perpétuo Socorro*** e aprofundar a Oração da "***Salve, Rainha***".

# X

# SALVE, RAINHA
## (Explicada)

**Lembra?**

**Salve, Rainha,** Mãe de misericórdia, vida, doçura e esperança nossa, salve! A vós bradamos os degredados filhos de Eva; a vós suspiramos, gemendo e chorando neste vale de lágrimas. Eia, pois, Advogada nossa, esses vossos olhos misericordiosos a nós volvei e depois deste desterro mostrai-nos Jesus, bendito fruto do vosso ventre, ó clemente, ó piedosa, ó doce e sempre Virgem Maria! Rogai por nós, Santa Mãe de Deus, para que sejamos dignos das Promessas de Cristo. Amém.

### Introdução

O autor da oração da **Salve, Rainha** é desconhecido. Mas comumente é atribuída ao monge Hermano Contracto, que a teria escrito por volta de 1050, no mosteiro de Reichenan, na Alemanha.

Naquela época, a Europa central passava por calamidades naturais, epidemias, miséria, fome. Outra ameaça contínua era a da invasão dos povos nômades do Leste, que invadiam os povoados, saqueando-os e matando as pessoas.

O autor dessa prece era marcado por misérias e sofrimentos. Com efeito, ao considerar a condição humana, ele só vê motivos de tristeza. Essa visão da vida só muda ao fixar sua atenção em Maria. Maria é que o ajuda a fazer a mudança do sofrimento para a esperança. Aí o autor se mostra animado e aparecem as expectativas reconfortantes e consoladoras. Maria é a "**Rainha**", a "**Mãe de misericórdia**", a "**Advogada nossa**", de "**olhos misericordiosos**". Já, no final da oração, dá graças a Maria, pois ela é "**Vida, doçura, esperança**", pois nos dá Jesus e a Esperança eterna.

A "**Salve, Rainha**" é, portanto, uma oração bastante antiga. A Igreja conservou-a com muito carinho e invoca Maria nos grandes momentos de angústia e perigo. Tem pessoas que a rezam bastante; mas há outras que têm certa dificuldade de rezá-la. Talvez, porque nunca a aprofundaram para melhor entendê-la. É o que pretendo fazer ao colocá-la aqui.

A "**Salve, Rainha**" tem uma ***estrutura bastante lógica***. Poderíamos dividi-la em quatro partes:

1. **Introdução**, invocando a Virgem Maria como ***soberana* Mãe de Deus e Nossa.**
2. Exposição de nossas **necessidades espirituais**.
3. Apresentação de ***nossos pedidos***.
4. **Saudação final**.

### 1. Introdução, invocando a Virgem Maria como Rainha, Mãe de Deus e Nossa

A "Salve, Rainha" começa com a invocação da Virgem Maria, citando alguns de seus atributos: "**Salve, Rainha, Mãe de misericórdia, vida, doçura, esperança nossa, salve!**"

Assim como a "**Ave-Maria**", a "**Salve, Rainha**" saúda a Virgem Maria com o brado de "**Salve**", recordando que ela também, embora a mais alta de todas as criaturas, foi salva por Cristo, isto é, que todos os seus privilégios, dons e graças lhe foram concedidos em previsão dos méritos infinitos de Nosso Senhor Jesus Cristo.

O primeiro título que damos a Maria nessa oração é o de "**Rainha**". Fazemos isso para forçá-la a nos ajudar, já que ela tem todo o poder no céu e na terra. Só Deus é onipotente.

Mas Cristo fez dela a **"onipotência suplicante"**. O que ela lhe pedir, ele lho concederá, pois Cristo não recusa nada à sua divina Mãe:

* É o que ficou provado em Caná da Galileia, como veremos logo mais à frente.

* É o que ficou ainda mais provado, quando ela pedia a Deus que mandasse à terra o Messias Salvador: sua oração foi tão poderosa, que alcançou que Deus se Encarnasse.

***"Ave, cheia de graça, o Senhor é contigo"***, disse-lhe o anjo. E disse-lhe mais: ***"Não temas, Maria, porque achaste graça diante de Deus"*** (Lc 1,28-29).

**"Maria é a Rainha dos anjos e dos santos"**, pois é Mãe de Deus, soberano absoluto. Mas adiantaria pouco para nós se Maria fosse Rainha dos céus e da terra, se não fosse também nossa Mãe e Mãe plena de Misericórdia.

Que nos adiantaria ser ela nossa Mãe, se não tivesse poder? E de que adiantaria ter poder, se não fosse também nossa Mãe?

**"Mãe de Misericórdia"**...

Este é o segundo título que é lembrado. Ela é nossa ***Mãe de Misericórdia***.

E isto por dois motivos: em primeiro lugar, porque, sendo a Virgem Maria, a Mãe de Jesus Cristo, nosso Divino Redentor, ela é realmente a ***Mãe da Misericórdia***, já que Cristo se encarnou por Misericórdia de nós, pobres mortais.

Os anjos e os homens podem ter a virtude da misericórdia, mas ***Cristo é a Misericórdia do Pai***, pois que é Deus, e, em Deus, todas as qualidades e virtudes existem em grau infinito.

Deus é **a Bondade, a Justiça, a Misericórdia, a Beleza**, por excelência. Nós, as criaturas, apenas temos essas qualidades em graus maiores ou menores, mas de um modo imperfeito.

Em segundo lugar, Nossa **Senhora é Mãe de Misericórdia,** porque ela é a criatura que possui essa qualidade *no mais alto grau possível*, para uma criatura. Ao ser nossa Mãe, ela é modelo de todas as mães. E qual é a mãe que não tem compaixão das falhas de seus filhos?

**"Esperança Nossa"**

A **Salve, Rainha** lembra, ainda, quando invocamos Nossa Senhora como **"Nossa Esperança"**. Estamos dizendo a ela que ela tudo alcança de Jesus, seu Filho e Deus onipotente. De Deus, que tanto ofendemos, podemos ter receio por causa de nossos pecados.

Mas de Maria, nossa Mãe, cheia de misericórdia, esperamos que rogue por nós, evidentemente, não porque ela seja mais bondosa do que Deus, mas porque é natural que a mãe peça pelos filhos, ainda que pecadores.

As **Bodas de Caná** (Jo 2,1-11) são exemplares e iluminadoras. Maria foi convidada para o casamento; não é intrusa. Mulher atenta, percebe que o vinho havia acabado. *"Eles não têm mais vinho"*, disse a Jesus. E só Jesus resolve. *"Pede à Mãe que o Filho atende"*, diz a fé do povo. E Maria ensina: *"Façam tudo o que meu Filho lhes disser"*. E o milagre aconteceu! Quem falou que Maria não daria um jeito? *"Faça a sua parte que Deus não pode faltar."*

E quantas vezes já não temos mais vinho em nossas almas! Só, a pedido de Maria, Cristo transformará nossa água choca em vinho de alegria!

Realmente ***"a cada dia basta sua cruz!"*** (Mt 6,34). Parece que tem gente que gosta de sofrer! Há gente que sofre pelo passado, outros pelo futuro. E aos que sofrem, pensando no futuro, Jesus ensina: "Não vos preocupeis pelo dia de ***amanhã!"*** Aos que sofrem pelo passado, tem o ditado que diz: *"Águas passadas não movem moinho!"* E é verdade; não movem e, às vezes, atrapalham. "Não perdoar o passado" é querer sofrer mais. No passado, se teve atitudes erradas ***peça perdão; e Deus perdoa***. Se você foi atingido, ofendido, vingar-se não resolve. O melhor é sempre fazer o bem e rezar pelos que nos ofenderam. Pouco a pouco, vamos esquecendo. ***"Não deixe que o passado atrapalhe o seu hoje"!***

Maria é nossa esperança, que a ninguém falta. Por isso, São Bernardo lembra-nos que, quando tudo estiver perdido e o barco de nossa alma ficar prestes a soçobrar, levantemos os olhos, contemplemos Maria. ***Pois não há pecador que ela não queira socorrer!***

**"Salve!"**

Este segundo "salve", encerrando a invocação inicial, é uma confirmação do primeiro "salve" e, ao mesmo tempo, uma exclamação de alegria pelos títulos de Maria Santíssima, que acabaram de ser lembrados e que nos dão a confiança necessária, a nós pobres pecadores, de recorrer à Mãe tão bondosa, quanto poderosa.

## 2. Exposição de nossas necessidades espirituais

Começa a exposição de nossas misérias à "*Mãe de Misericórdia*".

Lembramos a Ela, em primeiro lugar, que somos como **"exilados"**, filhos de Eva.

**"A ti clamamos, os degredados filhos de Eva."**

Clamamos, não só pedimos. **"Clamar"** é gritar por um excesso de aflição e de dor. Clama quem está nos extremos *da resistência a um mal* e que já não encontra, em si mesmo, as forças necessárias para resistir e se salvar.

Lembramos a ela que somos **"filhos de Eva"**, isto é, que ***somos pecadores***, e que herdamos a culpa original, que nos impele ao mal. O Batismo perdoa nosso pecado, mas não nos tira nossas inclinações.

Lembramos a ela – em missão oposta à de Eva – que ela nos alcance o bem e nos ajude a sermos bons.

Lembramos a ela que somos seres humanos como ela, descendentes de Eva, e que, por isso, ela é nossa Irmã.

**Maria é a "Irmã privilegiada"**, que não herdou a culpa de Eva. Ela, Imaculada, concebida sem pecado, que tenha pena de seus irmãozinhos concebidos no pecado.

E prosseguimos, dizendo a Maria Santíssima: **"A ti suspiramos, gemendo e chorando, nesse vale de lágrimas"**.

A Maria lembramos nossa penosa e miserável situação atual, dizendo-lhe que *suspiramos* pelo bem perdido, *gememos* pelos justos castigos que merecemos, *choramos* por nossa culpa – nossa tão grande culpa – ***"neste vale de lágrimas"***.

Vale de lágrimas, porque todos ***os prazeres deste mundo são ilusórios*** e todos os seus bens são passageiros, e toda a sua glória é como a flor do campo. "Secou-se o feno, e caiu a flor" (Is 60,7).

Nossa vida **passa como uma sombra**, como o pássaro, que, na noite, atravessa, um momento, a claridade da fogueira. Vale de ilusões, regado por nossas lágrimas doloridas.

Vale de lágrimas, que a mentira das ilusões quer transformar em Reino de Deus na terra, cultuando o Príncipe deste Mundo, o Mercado e o Dinheiro, deus do universo, e não mais a "Deus Pai Onipotente, Criador de todas as coisas visíveis e invisíveis".

Visto, então, que **Maria é tão poderosa e tão bondosa.** Visto também que somos tão miseráveis e tão necessitados filhos de Eva, nada mais lógico do que recorrer a ela, dizendo-lhe a conclusão do raciocínio posto na oração: ***Mãe de misericórdia***, rogai por nós.

## 3. Apresentação de outros pedidos

Esse pedido é dividido em duas partes.

– *Primeiro*, rogamos que **Nossa Senhora olhe para nós.**

***"Eia, pois, advogada nossa, esses vossos olhos misericordiosos a nós volvei."***

Nós chamamos Maria de "***advogada nossa***". E ela o é de fato. Advogada significa chamada a ser aquela que *fala por nós e nos defende.*

Ela, por ser nossa Mãe misericordiosa, está sempre pronta a interceder a Deus por nós, para que Ele nos perdoe.

Foi o próprio Deus que a constituiu nossa advogada, porque o Deus, infinitamente misericordioso, compraz-se **em nos fazer misericórdia, *atendendo aos pedidos dela*.**

Que Ela mesma veja por si mesma, com seus próprios ***olhos bondosos***, nossa grande miséria e nossa situação atual terrível.

– *O segundo* é o ***pedido mais importante***!

**"E depois deste desterro, mostrai-nos Jesus, bendito fruto de vosso ventre."**

Depois de nossa morte, depois da difícil hora de nossa morte, que ela nos mostre Jesus.

**"Mostrai-nos Jesus"**, isto é, que vejamos a Deus Nosso Senhor em sua glória, ele que é o fruto bendito do seio virginal de Maria.

Que contemplemos, enfim, a Jesus, o mesmo Jesus, ***manso e misericordioso*** para com os pecadores arrependidos, o mesmo Jesus que perdoou a Maria Madalena e ao bom ladrão.

**4. Conclusão**

*"**Ó clemente,*** ó piedosa, ó doce sempre Virgem ***Maria.***"

Essas três exclamações de amor ***foram acrescentadas*** ao final da ***Salve, Rainha***, por São Bernardo, no séc. XI, quando entrou na ***Catedral de Espira***, na Alemanha, ao pregar na Segunda Cruzada.

Depois de ter conseguido arrastar a ***nobreza e o Imperador para as Cruzadas*** – o que era mais difícil do que mover montanhas –, São Bernardo, entrando na Catedral de Espira, ao **cântico da *Salve, Regina*,** com o coração ardendo em fogo de amor pela Rainha do Céu e da Terra, exclamou: "Ó Clemente, ó ***Piedosa, ó Doce Virgem Maria***".

Ainda hoje, na catedral de Espira, há três placas de bronze que marcam os três lugares em que o grande São Bernardo se ajoelhou, cantando essas três exclamações das glórias de Maria.

Que palavras tão bonitas a respeito de Maria! Maria é Mulher da ***Bondade***; Maria é a Mulher da ***fé***; e Maria é a Mulher ***Meiga***! Como Jesus deve ficar contente quando elogiamos sua querida Mãe, por todos esses títulos!!!

***"Rogai por nós, Santa Mãe de Deus, para que sejamos dignos das Promessas de Cristo. Amém."*** É, também, a exclamação de toda a Igreja e de cada um de nós.

Na Ave-Maria, rezamos: ***"Agora e na hora de nossa morte. Amém."***

É o mesmo pedido e a mesma súplica. Que ela nos guarde e acompanhe sempre, mas sobretudo na hora decisiva e final e nas pandemias de nossa vida! Assim seja.

# XI

# MAGNIFICAT

## (Explicado)

Encontramos esse lindo canto de Maria em Lucas 1,47-56. É uma oração que todos os dias rezamos, no "Ofício das Horas", e os Casais das ENS também a rezam.

Rezando o Magnificat, "**Grande Agradecimento**", celebramos a ***grandeza de Deus***, que com o anúncio do anjo – **o mistério da Encarnação do Salvador – nesse canto** ***revela sua onipotência***, superando as expectativas e as esperanças do Povo da Aliança.

a) **O que o Magnificat pode revelar-nos sobre Maria?**

Por um lado, vemos que Maria ficou realmente ***muito feliz naquela hora***! O coração de Maria estava cheio da graça e da presença do próprio Cristo, já presente em seu ventre, por isso estava transbordante de júbilo!

A presença do Senhor havia preenchido tanto a vida e o interior de seu coração, que até Isabel participou alegre.

Por outro lado, as palavras do Magnificat nos mostram em ***Maria um modelo concreto e sublime***, que nos ajuda a compreender que o que atrai a ***benevolência de Deus*** é sobretudo a ***humildade de coração***.

Por último, o Magnificat exalta o **cumprimento das promessas** e a **fidelidade de Deus** a seu Povo Escolhido.

b) O **Magnificat** assemelha-se a um **salmo de louvor**. E é composto de **três partes:**

**1. Uma introdução** ao louvor de Deus;

**2. O corpo do salmo** enumera os motivos do louvor. Os motivos de se louvar a 'Yahweh' são as ações salvadoras em favor de seu povo.

**3. A conclusão**, que pode recapitular alguns dos motivos do louvor, incluir uma bênção ou apresentar uma súplica.

Portanto, o **Magnificat** se organiza em um **esquema de três partes**, como propôs **J. Dupont** e a maioria dos autores:

**1. Ação divina em Maria: mensagem pessoal;**
**2. Ação divina na humanidade: mensagem social;**
**3. Ação divina no Povo de Israel: mensagem étnica.**

Analisemos, pois, esse **cântico de louvor** e, ao mesmo tempo, **grito de libertação.**
Vamos dividi-lo em 5 partes.

c) **Aprofundamento**

**1.** ***"Minha alma engrandece o Senhor, e meu espírito se alegra em Deus, meu Salvador, porque olhou para sua humilde serva"*** (Lc 1,46-48)

Provavelmente, esse texto foi alicerçado no ***Cântico de Ana***, a mãe de Samuel.

Essas palavras relacionam-se ao início do cântico de Ana que diz: "Minha alma engrandece o Senhor". De fato, só a alma em quem o Senhor se dignou fazer maravilhas pode engrandecê-lo.

O Cântico de Ana indica a "humilhação" e a "miséria" de uma mulher estéril (1Sm 11), que chora sua pena, e apesar de sua pequenez se coloca agradecida perante Deus.

**No Magnificat** – ante o Senhor potente e misericordioso – Maria manifesta a grande alegria que foi a ***Encarnação do Divino Salvador***. Ele é o principal motivo da oração do Magnificat. Por isso Santo Agostinho dizia: ***"Maria concebeu Jesus, primeiro em seu coração, antes que em seu ventre"***. E com razão.

No Magnificat, há que se ressaltar um segundo motivo. Colocou seu olhar sobre ela, jovem humilde de Nazaré, chamando-a para tornar-se a mãe do Messias. Jesus quis nascer de uma humilde Servidora, por isso Maria e o reconhecimento de sua pequenez.

De fato, só a alma em quem o Senhor se dignou fazer maravilhas pode engrandecê-lo dignamente e dizer, exortando os que compartilham seus desejos e aspirações: *"Comigo engrandecei ao Senhor Deus, exaltemos todos juntos o seu nome"* (Sl 33,4).

Quem conhece o Senhor e é negligente em proclamar sua grandeza e santificar seu nome, será considerado o menor no Reino dos Céus (Mt 5,19).

*"O Senhor,* diz Maria, *elevou-me por um dom tão grande e inaudito, que nenhuma palavra o pode descrever e mesmo no íntimo do coração é difícil compreendê-lo. Por isso dedico todas as forças de meu ser ao louvor e à ação de graças, contemplando a grandeza daquele que é eterno, e ofereço com alegria minha vida, tudo que sinto e penso, porque meu espírito rejubila pela divindade eterna de Jesus, o Salvador que concebi e é gerado em meu seio."*

## 2. *"Pois, daqui em diante, todas as gerações me chamarão bem-aventurada"* (Lc 1,48)

***A saudação de Isabel*** é o ponto de partida, pois foi a primeira a proclamar a Maria ***"bem-aventurada"*** (Lc 1,45). O cântico, com certa audácia, prediz que essa proclamação irá se estendendo e ampliando com um dinamismo incontido.

Realmente, só a pessoa em quem o Senhor se dignou fazer maravilhas, pode engrandecê-lo dignamente, e exortando os que compartilham seus desejos e aspirações que façam o mesmo. *"Comigo engrandecei ao Senhor Deus, exaltemos todos juntos o seu nome"* (Sl 33,4).

*"Quem conhece o Senhor e é negligente em proclamar sua grandeza e santificar seu nome, será considerado o menor no Reino dos Céus"* (Mt 5,19).

Ao mesmo tempo, ***testemunha a veneração especial*** que a comunidade cristã sentiu pela Mãe de Jesus, desde o século I. O

Magnificat constitui a primícia das diversas expressões de culto, transmitidas de geração em geração, com as quais a Igreja manifesta seu amor à Virgem de Nazaré.

**3.** ***"Porque o Todo-Poderoso fez em mim maravilhas, e santo é o seu nome; e sua misericórdia se estende de geração em geração, sobre aqueles que o respeitam"*** (Lc 1,49-50)

Quais são essas "**maravilhas**" realizadas em Maria pelo Todo-Poderoso? A expressão aparece no Antigo Testamento para indicar a libertação do povo de Israel do Egito ou da Babilônia.

No Magnificat, refere-se ao acontecimento misterioso da **concepção virginal de Jesus**, acontecido em Nazaré, depois do anúncio do anjo. Aqui se revela a experiência do amor de Deus feito em Maria. Deus não só é o Poderoso, *"a quem nada é impossível"*, como havia declarado Gabriel (Lc 1,37), mas também o ***Misericordioso***, capaz de ternura e compaixão com cada ser humano.

Tendo dito, Maria, que o Todo-Poderoso lhe fez grandes coisas; acrescenta as palavras: "***E santo é seu Nome***". Dizer que santo é seu nome, é a mesma coisa que dizer "Perfeito" e que seu poder é ilimitado e transcende toda a criatura.

Diz mais: a humanidade santa do divino Menino, que a Bem-aventurada Virgem concebeu em suas entranhas, é Santo também. Foi o que o Arcanjo São Gabriel havia anunciado: o filho, que nascer de ti, ***será chamado Santo***.

**4.** ***Demonstrou o poder de seu braço; dispersou os soberbos de coração; derrubou do trono os poderosos e exaltou os humildes; aos famintos saciou de bens e despediu os ricos de mãos vazias"*** (Lc 1,51-53)

Com sua ***leitura sapiencial da história***, Maria nos leva a descobrir os critérios da ***misteriosa ação de Deus***. Israel é, com razão, denominado servidor do Senhor, porque, sendo obediente e humilde, foi por ele acolhido para ser salvo, como diz Oseias: "*Quando Israel era criança, eu já o amava*" (11,1).

Aquele que recusa humilhar-se não pode certamente ser salvo, nem dizer com o Profeta: *"Quem me protege e me ampara é meu Deus; é o Senhor quem sustenta a minha vida!"* (Sl 53,6).

Mas, quem se fizer *"humilde como uma criança,* esse é o maior no Reino dos Céus" (Mt 18,4).

O Senhor, confundindo os critérios do mundo, vem em auxílio dos pobres e pequenos, em detrimento dos ricos e dos poderosos, e, de modo surpreendente, ***enche de bens os humildes***, que lhe encomendam sua existência (*Redemptoris Mater*, 37).

**5.** ***"Socorreu seu servo Israel, lembrando-se de sua misericórdia; como havia prometido a nossos pais, a Abraão e a seus filhos para sempre"*** (Lc 1,54-55).

O Magnificat é inspirado na espiritualidade da ***filha de Sião***. Supera os textos proféticos que estão em sua origem, ***revelando na "cheia de graça" o início de uma intervenção divina*** que vai além das e*speranças messiânicas de Israel e revela* o ***mistério da Encarnação do Verbo.***

***Maria, cheia de dons divinos,*** não se detém a contemplar seu caso pessoal; mas compreende que esses ***dons são uma manifestação da misericórdia de Deus*** a todo o seu povo.

***Nela Deus cumpre suas promessas*** com uma *fidelidade e generosidade* abundantes.

A vinda do Salvador foi, portanto, *prometida a Abraão e a seus filhos* para sempre: ***"Estenderei minha aliança entre mim e ti, e, depois de ti, às gerações que descenderão de ti"*** (Gn 17,7; cf. Mq 7,20).

Agora somos nós os filhos da promessa, dos quais Paulo diz: "*Sendo de Cristo, sois então descendência de Abraão, herdeiros segundo a promessa*" (Gl 3,29).

Todos nós temos no coração um desejo muito grande de paz. Pois bem, o cântico de Nossa Senhora nos ensina que esta paz só pode vir da alegria imensa que é fruto da presença de Deus no próprio coração. Somente quando Jesus realmente está dentro de nós e no meio de nossos ambientes que poderemos também transbordar de alegria e de paz, como Nossa Senhora o fez.

Não basta conhecer e rezar o Magnificat. Devemos, também, aprender com o Magnificat que "os pobres são o ***sacramento de Cristo***". Pois ***"o que fizeste ao menor dos meus irmãos, foi a mim que o fizeste"*** (Mt 25,40).

# XII

# Oração de Nossa Senhora do Perpétuo Socorro pela Pandemia

Os devotos de **Nossa Senhora do Perpétuo Socorro** ganharam mais uma oração para rezar diante de seu quadro. A oração pede a intercessão da **Virgem do Perpétuo Socorro** durante a **pandemia do coronavírus.**

## História do Quadro

– A **devoção a Nossa Senhora do Perpétuo Socorro** é muito antiga. Faz parte dos ícones da "Virgem da Paixão" com o Menino Jesus nos braços. O Ícone do Perpétuo Socorro, segundo a tradição, procede da **Ilha de Creta,** entre os séculos 13 e 17.

## História Atual

Desde o dia 26 de abril de 1866, **os Redentoristas** passaram a cuidar, oficialmente, do Quadro e da **devoção a Nª Sra do Perpétuo Socorro.** O **quadro original** foi solenemente introduzido na **Igreja de Santo Afonso**, em Roma, sede da Casa Geral da Congregação e lá se encontra. Em nossas comunidades temos réplicas oficiais, para as Novenas e Devoção. Temos cidades onde há 16 novenas em um dia. E como o povo é atendido pela Mãe, em todas as Novenas do mundo inteiro!

Conheça a nova oração e reze confiante por sua poderosa intercessão:

## Oração a Nossa Senhora do Perpétuo Socorro

**Mãe do Perpétuo Socorro,**
com a maior confiança, chegamos a sua santa imagem
para implorar sua intercessão.
Pensamos na Senhora, Mãe, ao pé da cruz de Jesus.
Seu coração deve ter sangrado ao ver a agonia de seu filho.
Mas sua alegria foi grande quando ele Ressuscitou dos mortos,
vitorioso sobre o poder do mal.

Mãe das Dores, rogue por nós neste tempo de provação.
Ajude-nos a não desanimar.
Interceda pelas pessoas com o coronavírus.
Conforte as pessoas que se encontram vulneráveis e ansiosas.
Proteja os profissionais de saúde *que colocam suas vidas em risco.*
Inspire nossos líderes a tomar boas decisões.
Mude nossos corações para que possamos agir
com responsabilidade.
Ensine-nos a confiar em Deus, que é amor e misericórdia,
para que possamos compartilhar com a Senhora a alegria
de ter enfrentado bravamente
todos os desafios da vida. Amém!

*Reze 3 Ave-Marias.*
(Fonte: A12.com)

# O QUE A PANDEMIA ME ENSINOU

**1. Nosso Povo:** nosso povo é em geral *pacato e de bom coração.* Mas ele, sobretudo, nas adversidades, nas doenças e pandemias da vida, acende-se, esquece tudo e vai. Mostra-se, então, ser profundamente ***participativo e solidário.*** Quanta criatividade para ajudar em qualquer campo; quantos exemplos bonitos e maravilhosos. É importante dizer obrigado a todos e por tudo... Deus lhes pague!

"***Povo unido não será vencido***", ou seja, precisamos de mecanismos que mantenham o povo organizado e mais comprometido.

**2. Nossa Pastoral:** sem Santuário, sem Paróquias, sem Missas etc. e quanta **criatividade,** em todos os setores, para uma participação possível. Celulares, redes sociais, MCS, TV, Rádio. Todos querem ajudar, criar e participar. Basta que lhes demos vez e voz!

**3. Fé e Oração:** quantos exemplos bonitos! Muitas preces, novenas, sacrifícios... Ora, isso dá ânimo e a certeza de que nunca estamos sozinhos, pois a solidão machuca. Rezar sempre faz bem! Rezar a oração não é para mudar Deus, mas para nos mudar. Ora, como é difícil qualquer mudança em nós e no mundo de hoje! Mas é o que precisa acontecer e com urgência!

**4. Lidar com a Natureza:** respeitar e não abusar! Ela tem suas leis, seu modo de agir, e não podemos ir contra. É preciso respeitar a natureza, sermos mais responsáveis, não abusar dela, porque nós é que precisamos dela. Senão ela se vinga e as calamidades acabam sendo responsabilidade nossa. Como está difícil aprendermos essa lição!

**Lembre-se:**

* "A vida, mesmo difícil, não pode parar!"
* "Reze, Deus gosta de ser incomodado!"
* "A FÉ não termina em um caixão; pois Cristo ressuscitou!"

# ÍNDICE



Obrigado a todos os que ajudaram; e foram muitos! Gostou? Divulgue, para ajudar outros também.